biblioteca borges

coordenação editorial
davi arrigucci jr.
heloisa jahn
jorge schwartz
maria emília bender

nove ensaios dantescos (1982)

prólogo 9

o nobre castelo do canto IV 17
o falso problema de ugolino 23
a última viagem de ulisses 28
o carrasco piedoso 34
dante e os visionários anglo-saxões 38
purgatório, I, 13 45
o simurgh e a águia 47
o encontro num sonho 52
o último sorriso de beatriz 57

a memória de shakespeare

25 de agosto de 1983 65
tigres azuis 72
a rosa de paracelso 86
a memória de shakespeare 92

nove ensaios dantescos (1982)

prólogo

Imaginemos, numa biblioteca oriental, uma estampa pintada há muitos séculos. Talvez seja árabe e nos dizem que nela estão representadas todas as fábulas de *As mil e uma noites*; talvez seja chinesa e sabemos que ilustra um romance com centenas ou milhares de personagens. No tumulto de suas formas, alguma — uma árvore que parece um cone invertido, mesquitas rubras sobre um muro de ferro — atrai nossa atenção e dessa passamos a outras. O dia declina, a luz arrefece, e à medida que nos internamos na gravura compreendemos que não há nada na terra que não esteja ali. O que foi, o que é e o que será, a história do passado e a do futuro, as casas que tive e as que terei, tudo isso nos espera em algum lugar daquele labirinto tranquilo... Imaginei uma obra mágica, uma estampa que também fosse um microcosmo; o poema de Dante é essa estampa de âmbito universal. Penso, contudo, que se pudéssemos lê-lo com inocência (mas essa felicidade está fora de nosso alcance), o universal não seria a primeira coisa que perceberíamos, muito menos o sublime ou o grandioso. Muito antes perceberíamos, penso, outras características menos opressivas e muito mais deleitáveis; antes de mais nada, talvez, a destacada pelos dantistas ingleses: a variada e bem-sucedida invenção de traços precisos. Dante não se dá por satisfeito em dizer que, caso um homem e uma serpente se abracem, o homem se transformará em serpente e a serpente em homem; ele compara essa metamorfose recíproca ao fogo que devora um papel, precedido por uma faixa avermelhada na qual o branco perece e que ainda não é negra (*Inferno*, XXV, 64). Não se dá por satisfeito em dizer que, na sombra do sétimo círculo, os condenados entrecerram os olhos para fitá-lo; compara-os a homens que se fitam debaixo de uma lua incerta ou ao velho alfaiate que enfia a linha na agulha (*Inferno*, XV, 19). Não se dá por satisfeito em dizer que no fundo do universo a água congelou; acrescenta que ela parece vidro, não água (*Inferno*, XXXII, 24.)... Foi com essas comparações em mente que Macaulay declarou, contra Cary, que a "vaga sublimidade" e as "magníficas generalidades" de Milton tocavam-no menos que os pormenores dantescos. Ruskin, mais tarde (*Modern Painters*, IV, XIV), condenou as brumas de Milton e aprovou a severa topografia com que Dante ergueu seu plano infernal. Ninguém ignora que os poetas atuam por hipérboles: para Petrarca, ou para Góngora, todo cabelo de mulher é ouro e toda água é cristal; esse mecânico e grosseiro alfabeto de símbolos desvirtua o rigor das palavras e parece apoiar-se na indiferença da observação imperfeita. Dante se proíbe esse erro; em seu livro não existe palavra injustificada.

A precisão que acabo de apontar não é um artifício retórico; é afirmação da probidade, da plenitude com que cada incidente do poema foi imaginado. O mesmo se aplica às características de índole psicológica, tão admiráveis e ao mesmo tempo tão modestas. O poema dá a impressão de ser uma trama dessas características; citarei algumas. As almas destinadas ao inferno choram e blasfemam contra Deus; ao entrar na barca de Caronte, seu temor se transforma em desejo e intolerável ansiedade (*Inferno*, III, 124). Dante ouve dos lábios de Virgílio que este nunca entrará no céu; sem delonga dá-lhe o tratamento de mestre e senhor, seja para demonstrar que essa confissão não minora seu afeto, seja porque, ao sabê-lo perdido, sente ainda mais apreço por ele (*Inferno*, IV, 39). No vórtice negro do segundo círculo, Dante quer saber qual é a origem do amor de Paolo e Francesca; ela relata que os dois se amavam e não sabiam, *soli eravamo e sanza alcun sospetto*, e que seu amor lhes fora revelado por uma leitura casual. Virgílio contesta os soberbos que alimentaram a pretensão de querer abarcar com a mera razão a infinita divindade; de repente inclina a cabeça e se cala, porque um daqueles infelizes é ele (*Purgatório*, III, 34). Na áspera elevação do Purgatório, a sombra do mantuano Sordello pergunta à sombra de Virgílio qual é sua terra; Virgílio diz que é Mântua; Sordello, então, interrompe-o e abraça-o (*Purgatório*, VI, 58). O romance de nosso tempo persegue com prolixidade ostentosa os processos mentais; Dante permite que eles sejam vislumbrados numa intenção ou num gesto.

Paul Claudel observou que, ao que tudo indica, os espetáculos que nos aguardam depois da agonia não serão os nove círculos do Inferno, os terraços do Purgatório ou os céus concêntricos. Dante, sem dúvida, teria concordado com ele; idealizou sua topografia da morte como um artifício exigido pela escolástica e pela forma de seu poema.

A astronomia ptolomaica e a teologia cristã descrevem o universo de Dante. A Terra é uma esfera imóvel; no centro do hemisfério boreal (aquele a que os homens têm acesso) está o monte Sião; a noventa graus do monte, no oriente, um rio morre, o Ganges; a noventa graus do monte, no poente, um rio nasce, o Ebro. O hemisfério austral é de água, não de terra, e está vedado aos homens; no centro há uma montanha antípoda de Sião, a montanha do Purgatório. Os dois rios e as duas montanhas equidistantes inscrevem uma cruz na esfera. Ao pé do monte Sião, só que muito mais largo, abre-se até o centro da terra um cone invertido, o Inferno, dividido em círculos decrescentes, que são como os degraus de um anfiteatro. Os círculos são nove, e sua topografia é devastada e medonha; os cinco primeiros formam o Alto Inferno, os quatro últimos, o Inferno Inferior, que é uma cidade com mesquitas vermelhas, cercada por muralhas de ferro. Dentro há sepulturas, poços, despenhadeiros, pântanos e areais; no ápice do cone está Lúcifer, "o verme que perfura o mundo". Uma fenda aberta na rocha pelas águas do Letes comunica o fundo do Inferno com a base do Purgatório. Essa montanha é uma ilha e tem uma porta; sua encosta é escalonada por terraços representando os pecados mortais; o jardim do Éden floresce no cume. Ao redor da Terra giram nove esferas concêntricas; as sete primeiras são os céus planetários (céus da Lua, de Mercúrio, de Vênus, do Sol, de Marte, de Júpiter, de Saturno); a oitava é o céu das estrelas fixas; a nona, o céu cristalino, também denominado Primeiro Motor. Este é rodeado pelo empíreo, onde se abre a Rosa dos Justos, incomensurável, em torno de um ponto, que é Deus. Previsivelmente, os coros da Rosa são nove... Essa é, em grandes linhas, a configuração geral do mundo dantesco, sujeito, como o leitor terá observado, aos sortilégios do 1, do 3 e do círculo. O Demiurgo, ou Artífice, do *Timeu*, livro mencionado por Dante (*Convívio*, III, 5; *Paraíso*, IV, 49), considerou que o movimento mais perfeito era a rotação, e o corpo mais perfeito a esfera; esse dogma, que o Demiurgo de Platão partilhou com Xenófanes e Parmênides, determina a geografia dos três mundos percorridos por Dante.

Os nove céus giratórios e o hemisfério austral composto de água, com uma montanha no centro, correspondem perceptivelmente a uma cosmologia antiquada; há quem pense que o epíteto é igualmente aplicável à economia sobrenatural do poema. Os nove círculos do Inferno (argumentam) não são menos caducos e indefensáveis que os nove céus de Ptolomeu, e o Purgatório é tão irreal quanto a montanha em que Dante o situa. A essa objeção cabe opor diversas considerações: a primeira é que Dante não pretendeu estabelecer a topografia verdadeira ou verossímil do outro mundo. Ele mesmo o declarou; na famosa epístola a Can Grande, redigida em latim, escreveu que o tema de sua *Comédia* é, literalmente, o estado das almas depois da morte e, alegoricamente, o homem, por seus méritos ou deméritos, enquanto credor de recompensas ou castigos divinos. Iacopo di Dante, filho do poeta, desenvolveu essa ideia. No prólogo de seu comentário, lemos que a *Comédia* pretende mostrar com tons alegóricos as três maneiras de ser da humanidade, e que na primeira parte o autor considera o vício, chamando-o Inferno; na segunda, a passagem do vício à virtude, chamando-a Purgatório; na terceira, a condição dos homens perfeitos, chamando-a Paraíso, "para mostrar a altura de suas virtudes e sua felicidade, ambas necessárias ao homem para discernir o bem supremo". Assim o entenderam outros comentadores antigos, por exemplo Iacopo della Lana, que explica: "Por considerar o poeta que a vida humana pode estar em três condições, que são a vida dos viciosos, a vida dos penitentes e a vida dos bons, dividiu seu livro em três partes, que são o *Inferno*, o *Purgatório* e o *Paraíso*".

Outro testemunho fidedigno é o de Francesco da Buti, que anotou a *Comédia* em fins do século XIV. Ele faz suas as palavras da epístola: "O tema desse poema é literalmente o estado das almas já separadas de seus corpos e, moralmente, os prêmios ou as punições que o homem obtém em decorrência de seu livre-arbítrio".

Hugo, em "Ce que dit la bouche d'ombre", escreve que o espectro que assume a forma de Abel para Caim no Inferno é o mesmo que Nero reconhece como Agripina.

Muito mais grave que a acusação de antiquado é a acusação de crueldade. Nietzsche, no *Crepúsculo dos ídolos* (1888), cunhou essa opinião no perplexo epigrama que define Dante como "a hiena que versifica nas sepulturas". A definição, como se vê, é menos engenhosa que enfática; deve sua fama, sua excessiva fama, à circunstância de formular com desconsideração e violência um juízo comum. Indagar a razão desse juízo é a melhor maneira de refutá-lo.

Outra razão, de ordem técnica, explica a dureza e a crueldade de que Dante foi acusado. A noção panteísta de um Deus que também é o universo, de um Deus que é cada uma de suas criaturas e o destino dessas criaturas, talvez seja uma heresia e um erro se aplicada à realidade, mas é indiscutível em sua aplicação ao poeta e à sua obra. O poeta é cada um dos homens de seu mundo fictício, é cada alento e cada pormenor. Uma de suas tarefas, não a mais fácil, é ocultar ou dissimular essa onipresença. O problema era singularmente árduo no caso de Dante, obrigado pelo caráter de seu poema a atribuir a glória ou a perdição sem que os leitores pudessem perceber que o tribunal que emitia as sentenças era, em última instância, ele próprio. Com essa finalidade, incluiu-se como personagem da *Comédia* e fez com que suas reações não coincidissem, ou só coincidissem de vez em quando, como no caso de Filippo Argenti ou no de Judas, com as decisões divinas.

J. L. B.

o nobre castelo do canto IV

No início do século XIX ou em fins do XVIII aparecem no idioma inglês diversos epítetos (*eerie, uncanny, weird*), de origem saxônica ou escocesa, que servirão para definir certos lugares ou coisas que inspiram um vago horror. Tais epítetos correspondem a um conceito romântico da paisagem. Em alemão, a palavra *unheimlich* os traduz com perfeição; em espanhol, talvez a melhor palavra seja *siniestro*. Com a mente voltada para essa qualidade singular de *uncanniness*, uma vez escrevi: "O Alcáçar de Fogo que conhecemos nas últimas páginas do *Vathek* (1782), de William Beckford, é o primeiro Inferno realmente atroz da literatura. O mais ilustre dos avernos literários, o 'doloroso reino' da *Comédia*, não é um lugar atroz; é um lugar no qual acontecem fatos atrozes. A distinção é válida".

Stevenson ("A Chapter on Dreams") relata que em seus sonhos de infância era perseguido por um matiz abominável do pardo; Chesterton (*The Man who was Thursday*, VI) imagina que nos confins ocidentais do mundo talvez exista uma árvore que já seja mais, e menos, que uma árvore, e nos confins orientais alguma coisa, uma torre, cuja arquitetura mesma é malvada. Poe, no "Manuscrito encontrado numa garrafa", fala de um mar austral onde cresce o volume da embarcação como o corpo vivo do marinheiro; Melville dedica muitas páginas de *Moby Dick* a elucidar o horror da brancura intolerável da baleia...

Apresentei exemplos; talvez tivesse bastado observar que o Inferno de Dante magnifica a noção de cárcere;* o de Beckford, os túneis de um pesadelo.

Noites atrás, numa plataforma do metrô na praça Constitución, lembrei-me bruscamente de um exemplo perfeito de *uncanniness*, de horror tranquilo e silencioso, logo no início da *Comédia*. O exame do texto confirmou a exatidão dessa lembrança tardia. Falo do canto IV do *Inferno*, um dos mais conhecidos.

Quando se chega às páginas finais do *Paraíso*, a *Comédia* pode ser muitas coisas, talvez todas as coisas; no início, trata-se inquestionavelmente de um sonho de Dante, e este, por sua vez, não é mais que o sujeito do sonho. Diz-nos que não sabe como foi parar naquela selva sombria, *tant'era pieno di sonno a quel punto*; o *sonno* é metáfora da ofuscação da alma pecadora, mas sugere o início indefinido do ato de sonhar. Depois escreve que a loba que lhe fecha o caminho faz com que muitos vivam tristes; Guido Vitali considera que essa observação não poderia ser evocada pela simples visão da fera; Dante sabe, assim como sabemos as coisas nos sonhos. Na selva aparece um desconhecido; assim que o vê, Dante sabe que o homem guardou um silêncio prolongado; outra sabedoria de tipo onírico. O fato, anota Momigliano, se justifica por razões poéticas, e não por razões lógicas. Os dois empreendem sua viagem fantástica. Virgílio se transforma ao ingressar no primeiro círculo do abismo; Dante atribui sua palidez ao temor. Virgílio afirma que é movido pela compaixão

---

* *Carcere cieco*, cárcere cego, diz Virgílio acerca do Inferno (*Purgatório*, XXXII, 103; *Inferno*, X, 58-9).

e que é um dos réprobos (*e di questi cotai son io medesmo*). Dante, para dissimular o horror dessa afirmação ou para manifestar sua piedade, prodigaliza os títulos reverenciais: *Dimmi, maestro mío, dimmi, segnore*. Suspiros, suspiros de luto sem tormento fazem o ar tremer; Virgílio explica que estão no Inferno daqueles que morreram antes que a Fé fosse proclamada; quatro altas sombras o saúdam; não há nem tristeza nem alegria nos semblantes; são Homero, Horácio, Ovídio e Lucano, e na mão direita Homero traz uma espada, símbolo de sua primazia na épica. Os ilustres fantasmas homenageiam Dante como a um igual e o conduzem a sua eterna morada, que é um castelo sete vezes cercado por altos muros (as sete artes liberais, ou as três virtudes intelectuais e as quatro morais) e por um fosso (os bens terrenos ou a eloquência), que atravessam como se fosse terra firme. Os habitantes do castelo são gente de grande autoridade; raramente falam, e sua voz é muito tênue; olham com grave lentidão. No pátio do castelo existe uma relva de um verde misterioso; Dante, posicionado a certa altura, vê personagens clássicos e bíblicos e um ou outro muçulmano (*Averois, che'l gran comento feo*). Um deles se destaca por um detalhe que o torna memorável (*Cesare armato, com li occhi grifagni*); outro, por uma solidão que o engrandece (*e solo, in parte, vidi'l Saladino*); vivem num anelo sem esperança: não sofrem dor, mas sabem que Deus os exclui. Um árido catálogo de nomes próprios, menos estimulantes que informativos, encerra o canto.

As noções de um Limbo dos Pais, também chamado Seio de Abraão (Lucas, 16, 22), e de um Limbo para as almas dos bebês que morrem sem batismo pertencem à teologia comum: hospedar nesse lugar ou nesses lugares os pagãos virtuosos foi, segundo Francesco Torraca, uma invenção de Dante. Para mitigar o horror de uma época adversa, o poeta se refugiou na grande memória romana. Quis homenageá-la em seu livro, mas não havia como não entender — a observação pertence a Guido Vitali — que uma insistência excessiva sobre o mundo clássico não convinha a seus propósitos doutrinários. Dante não podia, indo contra a Fé, salvar seus heróis; pensou-os num Inferno negativo, privados da visão e da posse de Deus no céu, e se apiedou de seu misterioso destino. Anos depois, ao imaginar o Céu de Júpiter, retomaria esse problema. Boccaccio relata que entre a redação do canto VII do *Inferno* e a do VIII houve uma longa interrupção, motivada pelo exílio: o fato, sugerido ou corroborado pelo verso *Io dico, seguitando ch'assai prima*, pode ser verdadeiro, mas muito mais profunda é a diferença existente entre o canto do castelo e os subsequentes. No canto V, Dante fez falar imortalmente Francesca da Rimini; no anterior, que palavras não teria dado a Aristóteles, Heráclito ou Orfeu se já tivesse pensado nesse artifício! Deliberado ou não, o silêncio dos três agrava o horror e convém à cena. Anota Benedetto Croce: "No nobre castelo, entre os grandes e os sábios, a seca informação usurpa o lugar da refreada poesia. Admiração, reverência e melancolia são sentimentos indicados, não representados" (*La poesia di Dante*, 1920). Os comentadores denunciaram o contraste da fatura medieval do castelo com seus hóspedes clássicos; essa fusão ou confusão é característica da pintura da época e acentua, certamente, o sabor onírico da cena.

Na invenção e execução desse canto IV Dante urdiu uma série de circunstâncias, algumas de caráter teológico. Leitor devoto da *Eneida*, imaginou os mortos no Elíseo, ou numa variação medieval daqueles campos ditosos; no verso *in luogo aperto, luminoso e alto* há reminiscências do túmulo onde estava Eneias ao ver seus romanos e do *largior hic campos aether.* Impelido por razões dogmáticas, foi obrigado a situar seu nobre castelo no Inferno. Mario Rossi identifica nesse conflito entre o formal e o poético, entre a intuição paradisíaca e a sentença terrível, a discórdia íntima do canto e a raiz de certas contradições. Em determinado momento se diz que os suspiros fazem tremer o ar eterno; em outro, que não há tristeza nem alegria nos semblantes. A faculdade visionária do poeta não alcançara sua plenitude. Essa relativa morosidade é responsável pela rigidez que resultou no horror singular do castelo e de seus moradores, ou prisioneiros. O silencioso recinto se assemelha um pouco a um penoso museu de personagens de cera: César armado e ocioso, Lavínia eternamente sentada ao lado do pai, a certeza de que o dia de amanhã será como o de hoje, que foi como o de ontem, que foi como todos. Um trecho ulterior do *Purgatório* acrescenta que as sombras dos poetas, a quem não é permitido escrever, posto que estão no *Inferno*, procuram distrair sua eternidade com discussões literárias.*

Determinadas as razões técnicas, ou seja, as razões de ordem verbal que fazem do castelo uma coisa medonha, falta determinar as razões internas. Um teólogo de Deus

---

*Dante, nos cantos iniciais da *Comédia*, foi o que Gioberti escreveu que era em todo o poema: "um pouco mais que uma simples testemunha da fábula inventada por ele" (*Primato morale e civile degli italiani*, 1840).

diria que basta a ausência de Deus para que o castelo seja terrível. Admitiria, talvez, uma afinidade com o terceto em que proclamou que as glórias terrenas são vãs:

> *Non è'l mondan romore altro ch'un fiato*
> *di vento, ch'or vien quinci e or vien quindi*
> *e muta nome perché muta lato.*

Eu insinuaria outra razão de ordem pessoal. Nesse ponto da *Comédia*, Homero, Horácio, Ovídio e Lucano são projeções ou figurações de Dante, que se sabia não inferior a esses grandes, tanto em ato como em potência. Eles são exemplares do que Dante já era para si mesmo e do que previsivelmente viria a ser para os outros: um famoso poeta. São grandes sombras veneradas que recebem Dante em seu conclave:

> *ch'è sì mi fecer della loro schiera*
> *si ch'io fui sesto tra cotanto senno.*

São formas do incipiente sonho de Dante, recém-desligadas do sonhador. Falam incansavelmente de letras (que mais poderiam fazer?). Leram a *Ilíada* ou a *Farsália* ou escrevem a *Comédia*; são magistrais no exercício de sua arte, e apesar disso estão no inferno porque Beatriz os esquece.

o falso problema de ugolino

Não li (ninguém leu) todos os comentários dantescos, mas tenho a impressão de que, no caso do famoso verso 75 do penúltimo canto do *Inferno*, eles criaram um problema que parte de uma confusão entre a arte e a realidade. Nesse verso, Ugolino de Pisa, depois de narrar a morte de seus filhos na Prisão da Fome, diz que a fome pode mais que a dor (*Poscia, piú che'l dolor, potè il digiuno*). Excluirei desta recriminação os comentadores antigos, para quem o verso não é problemático, pois todos interpretam que a dor não pode matar Ugolino, mas a fome sim. Também é essa a visão de Geoffrey Chaucer no tosco resumo do episódio que intercalou no ciclo de Canterbury.

Reconsideremos a cena. No fundo glacial do nono círculo, Ugolino rói infinitamente a nuca de Ruggieri degli Ubaldini e limpa a boca sanguinária com os cabelos do réprobo. Ergue a boca, não o rosto, da refeição feroz e conta que Ruggieri o traiu e o encarcerou com seus filhos. Pela estreita janela da cela viu crescerem e decrescerem muitas luas, até a noite em que sonhou que Ruggieri, acompanhado de mastins famintos, perseguia um lobo e seus filhotes pelo flanco de uma montanha. Ao nascer do sol escuta os golpes do martelo que veda a abertura da torre. Passam-se um dia e uma noite, em silêncio. Levado pelo sofrimento, Ugolino morde as próprias mãos; os filhos pensam que o faz levado pela fome e lhe oferecem a própria carne, engendrada por ele. Entre o quinto e o sexto dia Ugolino os vê morrer, um a um. Depois fica cego e fala com seus mortos e chora e os apalpa na sombra; depois a fome pôde mais que a dor.

Referi-me ao sentido atribuído pelos primeiros comentadores a essa passagem. Por exemplo Rambaldi de Imola, no século XIV: "Significa que a fome dobrou aquele a quem tanta dor não conseguira vencer e matar". Entre os modernos, professam essa opinião Francesco Torraca, Guido Vitali e Tommaso Casini. O primeiro vê estupor e remorso nas palavras de Ugolino; o último adiciona: "Intérpretes modernos imaginaram que Ugolino acabou por alimentar-se da carne de seus filhos, conjetura contrária à natureza e à história", e considera a controvérsia inútil. Benedetto Croce pensa como ele e afirma que, das duas interpretações, a mais congruente e verossímil é a tradicional. Bianchi, muito razoavelmente, contesta: "Outros entendem que Ugolino comeu a carne de seus filhos, interpretação improvável mas que não é lícito descartar". Luigi Pietrobono (cuja opinião voltarei a comentar) diz que o verso é deliberadamente misterioso.

Antes de participar por minha vez da *inutile controversia*, quero deter-me por um instante no oferecimento unânime dos filhos. Estes imploram ao pai que volte a tomar posse daquelas carnes engendradas por ele:

... *tu ne vestisti*
queste misere carni, e tu le spoglia.

Desconfio que esse discurso deve provocar um desconforto crescente em seus admiradores. De Sanctis (*Storia della letteratura italiana*, IX) pondera a imprevista conjunção de imagens heterogêneas; D'Ovidio admite que "essa galharda e conceituosa exposição de um impulso filial quase desarma toda crítica". Tenho para mim que se trata de uma das pouquíssimas falsidades admitidas na *Comédia*. Julgo-a menos digna dessa obra que da pena de Malvezzi ou da veneração de Gracián. Dante, parece-me, não pode ter deixado de perceber sua falsidade, agravada sem dúvida pela circunstância quase coral de que as quatro crianças fazem a um só tempo o convite famélico. Não faltará quem insinue que estamos diante de uma mentira de Ugolino, forjada para justificar (para sugerir) o crime anterior.

O problema histórico de saber se nos primeiros dias de fevereiro de 1289 Ugolino della Gherardesca praticou o canibalismo é, evidentemente, insolúvel. O problema estético ou literário é de índole completamente diferente. Cabe enunciá-lo assim: Dante quis que pensássemos que Ugolino (o Ugolino de seu *Inferno*, não o da história) comeu a carne de seus filhos? Eu arriscaria a resposta: Dante não quis que pensássemos, mas que desconfiássemos que isso acontecera.* A incerteza é parte de seu desígnio. Ugolino rói o crânio do arcebispo; Ugolino sonha com cães de presas pontiagudas rasgando os flancos do lobo (... *e con l'agute scane/ mi parea lor veder fender li fianchi*). Ugolino, levado pela dor, morde as próprias mãos; Ugolino ouve quando os filhos lhe fazem a oferta inverossímil de sua própria carne; Ugolino, pronunciado

---

*Observa Luigi Pietrobono (*Inferno*, p. 47) "que o *digiuno* não afirma a culpa de Ugolino, mas a deixa adivinhar, sem prejuízo da arte ou do rigor histórico. Basta que a consideremos *possível*".

o ambíguo verso, torna a roer o crânio do arcebispo. Tais atos sugerem ou simbolizam o fato atroz. Desempenham uma dupla função: acreditamos que fazem parte do relato e são profecias.

Robert Louis Stevenson (*Ethical Studies*, 110) observa que os personagens de um livro são conjuntos de palavras; a isso, por blasfemo que nos pareça, resumem-se Aquiles e Peer Gynt, Robinson Crusoé e dom Quixote. A isso também se resumem os poderosos que comandaram a terra: Alexandre é uma série de palavras, Átila outra. Sobre Ugolino cabe dizer que ele é uma textura verbal, que consta de uns trinta tercetos. Seria o caso de incluir nessa textura a noção de canibalismo? Repito que devemos admitir essa possibilidade com incerteza e temor. Negar ou afirmar o monstruoso delito de Ugolino é menos horripilante que vislumbrá-lo.

A afirmação "Um livro é as palavras que o compõem" corre o risco de parecer um axioma insípido. Mesmo assim, todos tendemos a acreditar que existe uma forma separável do fundo e que dez minutos de diálogo com Henry James nos revelariam o "verdadeiro" argumento de *Outra volta do parafuso*. Penso que talvez não seja verdade; penso que Dante não estava mais informado sobre Ugolino que o que está dito em seus tercetos. Schopenhauer declarou que o primeiro volume de sua obra capital consiste em um único pensamento, e que não encontrou modo mais breve de transmiti-lo. Dante, ao contrário, diria que tudo o que imaginou sobre Ugolino está nos debatidos tercetos.

No tempo real, na história, toda vez que um homem se vê diante de várias alternativas, opta por uma e elimina e perde as demais; o mesmo não acontece no tempo ambíguo da arte, semelhante ao da esperança e ao do esquecimento. Hamlet, nesse tempo, é são e é louco.* Na treva de sua Torre da Fome, Ugolino devora e não devora os cadáveres amados, e essa ondulante imprecisão, essa incerteza, é a estranha matéria de que é feito. Assim, com duas possíveis agonias, sonhou-o Dante e assim o sonharão as gerações.

* A título de curiosidade, cabe lembrar duas ambiguidades famosas. A primeira, *la sangrienta Luna* de Quevedo, que é ao mesmo tempo a lua dos campos de batalha e a da bandeira otomana; a outra, a *mortal moon* do soneto 107 de Shakespeare, que é a lua do céu e a Rainha Virgem.

a última viagem
de ulisses

Meu objetivo é reconsiderar, à luz de outros trechos da *Comédia*, o enigmático relato que Dante põe na boca de Ulisses (*Inferno*, XXVI, 90-142). No fundo coberto de escombros do círculo que funciona como castigo para os falsários, Ulisses e Diomedes ardem sem fim, numa mesma chama bicorne. Diante da insistência de Virgílio, que lhe pede que conte como encontrou a morte, Ulisses relata que, depois de separar-se de Circe, que o retivera em Gaeta por mais de um ano, nem a doçura do filho, nem a piedade que lhe inspirava Laerte, nem o amor de Penélope venceram em seu peito o ímpeto de conhecer o mundo e os defeitos e virtudes humanos. Com o último navio e os poucos fiéis que ainda lhe restavam, lançou-se ao mar aberto; já velhos, arribaram à garganta onde Hércules instalara suas colunas. Naquele ponto terminal que um deus dedicara à ambição ou ao arrojo, insistira com os companheiros que fossem conhecer, já que tão pouco lhes restava de vida, o mundo sem habitantes, os não utilizados mares antípodas. Lembrou-os de sua origem, lembrou-os de que não haviam nascido para viver como os brutos, mas para sair em busca da virtude e do conhecimento. Navegaram rumo ao ocidente, depois para o sul, e viram todas as estrelas que compõem o hemisfério austral. Por cinco meses sulcaram o oceano, e um dia avistaram uma montanha, parda, no horizonte. A montanha lhes pareceu mais alta que todas as outras, e seus ânimos se regozijaram. Em pouco tempo sua alegria foi substituída pela dor, porque se armou uma tempestade que fez o navio girar três vezes, e na quarta afundou-o, como prouve a Alguém, e sobre eles cerrou-se o mar.

Tal é o relato de Ulisses. Muitos comentadores — do Anônimo Florentino a Raffaele Andreoli — consideram-no uma digressão do autor. Julgam que Ulisses e Diomedes, falsários, padecem no fosso dos falsários (*e dentro dalla lor fiamma si geme/ l'agguato del caval*...), e que a viagem daquele não passa de um adorno episódico. Tommaso, por sua vez, cita uma passagem da *Civitas Dei*; e ainda poderia citar outra de Clemente de Alexandria, que nega que os homens possam chegar à parte interior da terra; Casini e Pietrobono, mais adiante, qualificam a viagem como sacrílega. Com efeito, a montanha entrevista pelo grego antes de ser sepultado pelo abismo é a santa montanha do Purgatório, proibida aos mortais (*Purgatório*, I, 130-2). Acertadamente, observa Hugo Friedrich: "A viagem acaba numa catástrofe que não é mero destino de homem do mar, mas a palavra de Deus" (*Odysseus in der Hölle*, Berlim, 1942).

Ulisses, ao narrar sua façanha, diz que ela é insensata (*folle*); no canto XXVII do *Paraíso* há uma referência ao *varco folle d'Ulisse*, à insensata ou temerária travessia de Ulisses. O adjetivo é o mesmo aplicado por Dante, na selva escura, ao extraordinário convite de Virgílio (*temo che la venuta non sia folle*), *sua* repetição é deliberada. Quando Dante pisa a praia que Ulisses entreviu antes de morrer, diz que ninguém navegou por aquelas águas tendo, depois, conseguido voltar; em seguida relata que Virgílio o cingiu com um junco, com'*Altrui piacque*: são as mesmas palavras pronunciadas por Ulisses ao declarar seu trágico fim. Carlo Steiner escreve: "Será que Dante não pensava em Ulisses, que naufragou à vista daquela praia? Claro que sim. Mas Ulisses, confiando em suas próprias forças, quis atingi-la, desafiando os limites estabelecidos para o que está ao alcance do homem. Dante, novo Ulisses, haverá de pisá-la como um vencedor, cingido de humildade, e não será guiado pela soberba, mas pela razão, iluminada pela graça". August Rüegg (*Jenseitsvorstellungen vor Dante*, II, 114) corrobora essa opinião: "Dante é um aventureiro que, como Ulisses, trilha caminhos não trilhados, percorre mundos que homem algum divisou e persegue as metas mais difíceis e remotas. Mas a semelhança fica por aí. Ulisses empreende por sua conta e risco aventuras proibidas; Dante se deixa levar por forças mais altas".

A distinção anterior é justificada por dois pontos famosos da *Comédia*. Um, aquele em que Dante se considera indigno de visitar os três além-mundos (*io non Enea, io non Paolo sono*) e Virgílio expõe a missão a ele confiada por Beatriz; outro, aquele em que Cacciaguida (*Paraíso*, XVII, 100-42) aconselha a publicação do poema. Diante desses testemunhos é inadequado equiparar a peregrinação de Dante, que leva à visão beatífica e ao melhor livro já escrito pelos homens, à sacrílega aventura de Ulisses, que desemboca no Inferno. Esta ação parece o avesso daquela.

Tal argumento, contudo, implica um erro. A ação de Ulissses é indubitavelmente a viagem de Ulisses, pois Ulisses não é mais que o sujeito de quem se apregoa essa ação, mas a ação ou empresa de Dante não é a viagem de Dante, e sim a execução de seu livro. O fato é óbvio, mas existe uma tendência a deixá-lo de lado, porque a *Comédia* é redigida na primeira pessoa e o homem que morreu ficou encoberto pelo protagonista imortal. Dante era teólogo: muitas vezes escrever a *Comédia* deve ter lhe parecido uma empresa tão árdua, quem sabe tão arriscada e fatal, quanto a última viagem de Ulisses. Ele ousara forjar os arcanos a que a pena do Espírito Santo não faz mais que aludir: a meta bem que poderia suscitar uma culpa. Ousara equiparar Beatriz Portinari com a Virgem e com Jesus.* Ousara antecipar as determinações do inescrutável Juízo Final, que os bem-aventurados ignoram; julgara e condenara as almas de papas simoníacos e salvara a do averroísta Siger, que pregara o tempo circular.** Que laboriosos afãs para a glória, que é uma coisa efêmera!

Non è 'l mondan romore altro ch'un fiato
di vento, ch'or vien quinci e or vien quindi,
e muta nome perchè muta lato

Perduram, no texto, verossímeis rastros dessa discrepância. Carlo Steiner reconheceu um deles no diálogo em que Virgílio vence os temores de Dante e o induz a empreender sua viagem inaudita. Steiner escreve: "O debate que, por uma ficção, acontece com Virgílio, na verdade aconteceu na mente de Dante, quando este ainda não se decidira a compor o poema. Corresponde a um outro debate, no canto XVII do *Paraíso*, que considera sua publica-

---

*Cf. Giovanni Papini, *Dante vivo*, III, 34.
**Cf. Maurice de Wulf, *Histoire de la philosophie médiévale*.

ção. Composta a obra, poderia publicá-la e desafiar a ira de seus inimigos? Nos dois casos, triunfou a consciência do próprio valor e do alto objetivo que se propusera" (*Comédia*, 15). Dante, pois, teria simbolizado nas passagens mencionadas um conflito mental; sugiro que ele também o simbolizou, talvez de forma não intencional e sem dar-se conta do fato, na trágica fábula de Ulisses, e que é a essa carga emocional que esta deve sua enorme virtude. Dante foi Ulisses e de certa maneira teve razões para temer o castigo de Ulisses.

Uma última observação. Devotas do mar e de Dante, as duas literaturas de língua inglesa receberam certa influência do Ulisses de Dante. Eliot (e antes Andrew Lant, e antes Longfellow) insinuou que o admirável *Ulysses* de Tennyson deriva desse arquétipo glorioso. Que eu saiba, até hoje ninguém apontou uma afinidade mais profunda: a do Ulisses infernal com outro capitão desditoso: o Ahab de *Moby Dick*. Este, como aquele, constrói sua própria perdição à força de vigílias e de coragem; o argumento geral é o mesmo, o arremate é idêntico, as últimas palavras são quase iguais. Schopenhauer escreveu que em nossas vidas nada é involuntário; as duas ficções, à luz dessa prodigiosa afirmação, são o processo de um suicídio oculto e intrincado.

Pós-escrito de 1981. Afirmou-se que o Ulisses de Dante prefigura os famosos exploradores que, séculos depois, chegariam aos litorais da América e da Índia. Séculos antes que a *Comédia* fosse escrita, esse tipo humano já ocorrera. Érico, o Vermelho, descobriu a ilha da Groenlândia por volta de 985; seu filho Leif, no início do século xi, desembarcou no Canadá. Dante não tinha como saber dessas coisas. O escandinavo tende a ser secreto, a ser uma espécie de sonho.

o carrasco piedoso

Dante (ninguém ignora) põe Francesca no Inferno e ouve com infinita compaixão a história de sua culpa. Como atenuar essa discrepância? Como justificá-la? Vislumbro quatro conjeturas possíveis.

A primeira é técnica. Dante, definida a forma geral de seu livro, pensou que este podia degenerar para um inútil catálogo de nomes próprios ou para uma descrição topográfica se não fosse amenizado pelas confissões das almas perdidas. Esse pensamento levou-o a alojar em cada um dos círculos de seu Inferno um réprobo interessante e não muito remoto. (Lamartine, enervado por esses hóspedes, disse que a *Comédia* era uma *gazette florentine*.) Claro, convinha que as confissões fossem patéticas; elas podiam sê-lo sem risco, já que o autor, ao encarcerar os narradores no Inferno, ficava livre de toda suspeita de cumplicidade. Essa conjetura (cuja noção de um orbe poético imposto a um árido romance teológico foi analisada por Croce) talvez seja a mais verossímil, mas tem uma ponta de mesquinhez, ou de vileza, e não parece combinar com nosso conceito de Dante. Além disso, as interpretações de um livro tão infinito quanto a *Comédia* não podem ser tão simples.

A segunda equipara, em conformidade com a doutrina de Jung,* as invenções literárias às invenções oníricas.

---

* De certa maneira a prefigura a metáfora clássica do sonho como função teatral. É o que vemos em Góngora, no soneto "Vária imaginação" ("O sonho, autor de representações/ em seu teatro sobre o vento armado/ sombras

Dante, que é nosso sonho agora, sonhou a dor de Francesca e sonhou a piedade por ela. Schopenhauer observa que, nos sonhos, podemos ser assombrados pelo que ouvimos e vemos, embora o fato tenha sua raiz, em última instância, em nós mesmos; da mesma forma Dante pôde apiedar-se do sonhado ou inventado por ele. Também seria o caso de dizer que Francesca não passa de uma projeção do poeta, como, ademais, o é o próprio Dante, em seu caráter de viajante infernal. Entretanto, desconfio que essa conjetura é falaciosa, pois uma coisa é atribuir uma origem comum a livros e sonhos, outra é tolerar nos livros a inconexão e a irresponsabilidade dos sonhos.

A terceira, como a primeira, é de índole técnica. Dante, no decorrer da *Comédia*, teve de antecipar as inescrutáveis decisões de Deus. Sem outra luz senão a de sua mente falível, arriscou-se a adivinhar algumas das sentenças do Juízo Final. Condenou, ainda que como ficção literária, Celestino V, e salvou Siger de Brabante, que defendeu a tese astrológica do Eterno Retorno.

Para dissimular essa operação, definiu Deus, no *Inferno*, por sua justiça (*Giustizia mosse il mio alto fattore*) e guardou para si os atributos da compreensão e da piedade.

---

usa vestir de vulto belo"); é o que vemos em Quevedo, no *Sonho da morte* ("Assim que desembaraçada a alma se viu ociosa, sem a tarefa dos sentidos exteriores, me cometeu dessa maneira a comédia seguinte; e assim a recitaram minhas potências às escuras, sendo eu para minhas fantasias auditório e teatro"); é o que vemos em Joseph Addison, no número 487 do *Spectator* ("a alma, quando sonha, é teatro, atores e auditório"). Séculos antes, o panteísta Omar Khayyam compôs uma estrofe que a versão literal de McCarthy traduz assim: "Já de ninguém conhecido te ocultas; já te desdobras em todas as coisas criadas. Para teu próprio deleite executas essas maravilhas, sendo ao mesmo tempo o espetáculo e o espectador".

Perdeu Francesca e se condoeu de Francesca. Benedetto Croce declara: "Dante, como teólogo, como crente, como homem ético, condena os pecadores; mas sentimentalmente não condena e não absolve" (*La poesia di Dante*, 78).*

A quarta conjetura é menos precisa. Exige, para ser entendida, uma discussão preliminar. Consideremos duas proposições: uma, os assassinos merecem a pena de morte; outra, Rodion Raskolnikov merece a pena de morte. É inquestionável que as duas hipóteses não são sinônimas. Paradoxalmente, isso não decorre do fato de que os assassinos são concretos e Raskolnikov é abstrato ou ilusório, mas do oposto. O conceito de assassinos denota uma mera generalização; Raskolnikov, para quem leu sua história, é um ser verdadeiro. Na realidade não há, estritamente, assassinos; há indivíduos a quem a opacidade das linguagens inclui nesse conjunto indeterminado. (Essa é, em última instância, a tese nominalista de Roscelin e Guillermo de Occam.) Em outras palavras, quem leu o romance de Dostoiévski foi, de certa maneira, Raskolnikov, que sabe que seu "crime" não é livre, pois uma rede inevitável de circunstâncias o determinou e impôs. O homem que matou não é um assassino, o homem que roubou não é um ladrão, o homem que mentiu não é um impostor; são coisas que sabem (melhor dizendo, sentem) os condenados; consequentemente, não há castigo sem injustiça. "O assassino", essa ficção jurídica, talvez mereça a pena de morte; mas não o infeliz que

---

* Andrew Lang relata que Dumas chorou quando matou Portos. Da mesma forma, sentimos a emoção de Cervantes quando Alonso Quijano morre: "o qual, entre compaixões e lágrimas dos que ali se encontravam, entregou seu espírito; quero dizer que morreu".

assassinou, impelido por sua história pretérita e talvez — oh, marquês de Laplace! — pela história do universo. Madame de Staël condensou esses raciocínios numa sentença famosa: *Tout comprendre c'est tout pardonner.*

Dante relata a culpa de Francesca com tão delicada piedade que todos a sentimos como inevitável. Também assim deve tê-la sentido o poeta, a despeito do teólogo que argumentou no *Purgatório* (XVI, 70) que, se os atos dependessem das influências estelares, nosso arbítrio ficaria cancelado e seria uma injustiça premiar o bem e castigar o mal.*

Dante compreende e não perdoa; eis o paradoxo insolúvel. Tenho para mim que a questão foi resolvida para além da lógica. Ele sentiu (não compreendeu) que os atos do homem são necessários e que também é necessária a eternidade, de bem-aventurança ou perdição, que esses atos acarretam para quem os comete. Os espinosistas e os estoicos também promulgaram leis morais. Basta lembrar Calvino, cujo *decretum Dei absolutum* predestina uns ao inferno e outros ao céu. Leio no discurso preliminar do *Alkoran* de Sale que uma das seitas islâmicas defende essa opinião.

A quarta conjetura, como vemos, não deslinda o problema. Limita-se a formulá-lo, de maneira enérgica. As outras conjeturas eram lógicas; esta, que não o é, parece-me ser a verdadeira.

---

*Cf, *De monarchia*, 1, 14; *Purgatório*, XVIII, 73; *Paraíso*, V, 19. Mais eloquente ainda é a grande palavra do canto XXXI: *Tu m'hai di servo trato a libertarte* (*Paraíso*, 85).

dante e os visionários anglo-saxões

No canto x do *Paraíso*, Dante relata que ascendeu à esfera do sol e que viu sobre o disco desse planeta — na economia dantesca o sol é um planeta — uma ardente coroa de doze espíritos, mais luminosos que a luz contra a qual se destacavam. Tomás de Aquino, o primeiro deles, declara o nome dos demais; o sétimo é Beda. Os comentadores explicam que se trata de Beda, o Venerável, diácono do monastério de Jarrow e autor da *Historia Ecclesiastica Gentis Anglorum*.

Malgrado o epíteto, essa primeira história da Inglaterra, redigida no século VIII, transcende o eclesiástico. É a obra comovida e pessoal de um pesquisador escrupuloso e de um homem de letras. Beda dominava o latim e conhecia o grego, e a sua pena costuma acudir espontaneamente um verso de Virgílio. Para ele, tudo tinha interesse: a história universal, a exegese da Escritura, a música, as figuras da retórica,* a ortografia, os sistemas de numeração, as ciências naturais, a teologia, a poesia latina e a poesia vernácula. Não obstante, existe um ponto acerca do qual ele deliberadamente guarda silêncio. Em sua crô-

---

* Beda procurou na Escritura seus exemplos de figuras retóricas. Assim, para a sinédoque, na qual se toma a parte pelo todo, ele citou o versículo 14 do primeiro capítulo do Evangelho segundo João: "E aquele Verbo foi feito carne...". A rigor, o Verbo não apenas se fez carne, como ossos, cartilagens, água e sangue.

nica das tenazes missões que acabaram por impor a fé de Jesus aos reinos germânicos da Inglaterra, Beda poderia ter feito para o paganismo saxão o que Snorri Sturluson, cerca de quinhentos anos depois, faria para o escandinavo. Sem trair o piedoso propósito da obra, poderia ter declarado, ou esboçado, a mitologia de seus antepassados. Previsivelmente, não o fez. A razão é óbvia: a religião, ou a mitologia dos germanos, ainda estava muito próxima. Beda queria esquecê-la; queria que sua Inglaterra a esquecesse. Jamais saberemos se um crepúsculo aguarda os deuses que Hengist adorou, e se no espantoso dia em que o sol e a lua forem devorados por lobos partirá da região do gelo uma embarcação feita com unhas de mortos. Jamais saberemos se essas divindades perdidas formavam um panteão ou se eram, como suspeitou Gibbon, vagas superstições de bárbaros. Excetuada a sentença ritual *cujus pater Voden*, que aparece em todas as genealogias de linhagens reais que elaborou, e do caso daquele rei precavido que tinha um altar para Jesus e outro, menor, para os demônios, pouco fez Beda para satisfazer a futura curiosidade dos germanistas. Em compensação, afastou-se do reto caminho cronológico para registrar visões extraterrenas que prefiguram a obra de Dante.

Recordemos uma delas. Fursa, diz-nos Beda, foi um asceta irlandês que convertera muitos saxões. No curso de uma enfermidade, foi arrebatado em espírito pelos anjos e subiu ao céu. Durante a ascensão viu quatro fogos que tornavam rubro o ar negro, não muito distantes uns dos outros. Os anjos lhe explicaram que aqueles fogos consumirão o mundo e que seus nomes são Discórdia, Iniquidade, Mentira e Cobiça. Os fogos cresceram até reunir-se e chegaram a ele; Fursa ficou amedrontado, mas os anjos lhe disseram: "Não te queimará o fogo que não acendeste". De fato, os anjos dividiram as chamas e Fursa chegou ao paraíso, onde viu coisas admiráveis. Quando voltou à terra, foi ameaçado uma segunda vez pelo fogo, de dentro do qual um demônio arremessou sobre ele a alma candente de um réprobo, que queimou seu ombro direito e seu queixo. Um anjo lhe disse: "Agora és queimado pelo fogo que acendeste. Na terra aceitaste os trajes de um pecador, agora o castigo dele te atingirá". Fursa manteve os estigmas da visão até o dia de sua morte.

Outra das visões é a de um homem da Nortúmbria chamado Drycthelm. Este, ao cabo de uma enfermidade de vários dias, morreu ao anoitecer e repentinamente ressuscitou ao nascer do sol. Sua mulher o velava; Drycthelm lhe disse que na verdade renascera do meio dos mortos e que agora se propunha a viver de maneira muito diferente. Depois de orar, dividiu sua fazenda em três partes e deu a primeira à mulher, a segunda aos filhos e a terceira e última aos pobres. Despediu-se de todos e retirou-se para um monastério, onde a severidade de sua vida era testemunho das coisas desejáveis ou espantosas que lhe haviam sido reveladas naquela noite em que estivera morto e que narrava assim: "Quem me guiou tinha fisionomia resplandecente e sua vestimenta reluzia. Fomos andando em silêncio, acho que na direção do nordeste. Chegamos a um vale amplo e profundo e de extensão interminável; à esquerda havia fogo, à direita torvelinhos de granizo e neve. As tempestades arremessavam de um lado para outro uma multidão de almas penadas, de sorte que os miseráveis que fugiam do fogo que não se apagava iam parar no frio glacial, e assim infinitamente. Pensei que aquelas regiões cruéis bem poderiam ser o inferno, mas a forma que me precedia me disse: 'Ainda não estás no Inferno'. Avançamos e a escuridão foi se aprofundando, e a única coisa que eu percebia era o fulgor daquele que me guiava. Incontáveis esferas de fogo negro subiam de uma greta profunda e nela tornavam a cair. Meu guia me abandonou e fiquei sozinho entre as esferas incessantes que estavam cheias de almas. Um fedor subiu da greta. Estaquei, tomado pelo medo, e ao cabo de um lapso de tempo que me pareceu interminável ouvi atrás de mim desolados lamentos e ásperas gargalhadas, como se uma turba zombasse de inimigos presos. Um feliz e feroz tropel de demônios arrastava cinco almas irmãs para o centro da escuridão. Uma delas estava tonsurada, como um religioso, outra era uma mulher. Foram desaparecendo nas profundezas; as lamentações humanas se confundiram com as gargalhadas demoníacas e em meu ouvido permaneceu o rumor informe. Negros espíritos me cercaram, surgidos das profundezas do fogo, e me aterrorizaram com seus olhos e com suas chamas, embora não se atrevessem a tocar-me. Rodeado de inimigos e de trevas, não pensei em defender-me. Pelo caminho vi mover-se uma estrela, que crescia e se aproximava. Os demônios fugiram e vi que a estrela era o anjo. Ele dobrou para a direita e tomamos o rumo do sul. Saímos da sombra para a claridade e da claridade para a luz, e depois vi uma muralha, infinita para o alto e para os lados. Não tinha portas nem janelas e não entendi por que não nos aproximávamos de sua base. Bruscamente, sem saber como, já estávamos no alto dessa muralha e pude divisar uma ampla e florida pradaria cuja fragrância dissipou o fedor das prisões infernais. Pessoas ataviadas de branco povoavam a pradaria; meu guia me conduziu por entre essas felizes assembleias e pus-me a pensar que talvez aquele fosse o reino dos céus, acerca do qual já ouvira tantas ponderações, mas meu guia me disse: 'Ainda não estás no céu'. Para além de tais moradas havia uma luz esplêndida e dentro dela vozes de pessoas cantando e uma fragrância tão admirável que obliterou a anterior. Quando pensei que íamos entrar naquele lugar de delícias, meu guia me deteve e me fez abandonar o amplo caminho. Declarou-me depois que o vale do frio e do fogo era o purgatório; a greta, a boca do inferno; a pradaria, o local onde ficam os justos que aguardam o Juízo Final, e o lugar da música e da luz, o reino dos céus. 'E a ti', acrescentou, 'que agora regressarás a teu corpo e habitarás novamente entre os homens, digo que, se viveres com retidão, terás teu lugar na pradaria e depois no céu, porque se te deixei sozinho durante algum tempo foi para perguntar qual seria teu destino futuro.' Difícil pareceu-me voltar para este corpo, mas não ousei pronunciar palavra, e despertei na terra".

Na história que acabo de transcrever ter-se-ão percebido passagens que evocam — seria o caso de dizer que prefiguram — outras da obra de Dante. O monge não é queimado pelo fogo que ele não acendeu; Beatriz, igualmente, é invulnerável ao fogo do inferno (*nè fiamma d'esto incendio non m'assale*).

À direita daquele vale que parece não ter fim, tempestades de granizo e de gelo castigam os réprobos; no terceiro círculo os epicuristas sofrem o mesmo castigo. O homem da Nortúmbria se desespera com o abandono passageiro do anjo; Dante, com o de Virgílio (*Virgilio a cui per mia salute die'mi*). Drycthelm não sabe como conseguiu subir até o alto do muro; Dante, como conseguiu atravessar o triste Aqueronte. De maior interesse que essas correspondências, que certamente não esgotei, são os detalhes circunstanciais que Beda entremeia a sua descrição e que emprestam singular verossimilhança às visões extraterrenas. Basta recordar a perduração das queimaduras, o fato de que o anjo adivinha o silencioso pensamento do homem, a fusão das risadas com os lamentos e a perplexidade do visionário diante do alto muro. Talvez uma tradição oral tenha conduzido esses detalhes à pena do historiador; mas uma coisa é certa: eles já encerram a união entre o pessoal e o maravilhoso típica de Dante, uma união que não tem nada a ver com os hábitos da literatura alegórica.

Será que Dante chegou a ler a *Historia Ecclesiastica*? É muito provável que não. A inclusão do nome de Beda (convenientemente bissílabo para o verso) num censo de teólogos prova, em boa lógica, pouco. Na Idade Média as pessoas confiavam nas pessoas; não era preciso ler os tomos do douto anglo-saxão para admitir sua autoridade, assim como não era preciso ter lido os poemas de Homero, reclusos numa língua quase secreta, para saber que Homero (*Mira colui con quella spada in mano*) podia muito bem capitanear Ovídio, Lucano e Horácio. Cabe fazer uma outra observação. Para nós, Beda é um historiador da Inglaterra; para seus leitores medievais ele era um comentador das Escrituras, um retórico e um cronologista. Uma história da então imprecisa Inglaterra não teria por que exercer uma atração especial sobre Dante.

Que Dante conhecesse ou não as visões registradas por Beda é menos importante do que o fato de que este as incluiu em sua obra histórica, julgando-as dignas de memória. Um grande livro como a *Divina Comédia* não é o capricho isolado ou casual de um indivíduo; muitos homens e muitas gerações convergiram para ele. Investigar seus precursores não é incorrer numa miserável tarefa de caráter jurídico ou policial; é indagar os movimentos, as sondagens, as aventuras, os vislumbres e as premonições do espírito humano.

purgatório, I, 13

Como todas as palavras abstratas, a palavra "metáfora" é uma metáfora, já que em grego significa translação. Consta, quase sempre, de dois termos. Temporariamente, um se transforma no outro. Assim, os saxões apelidaram o mar "caminho da baleia" ou "caminho do cisne". No primeiro exemplo, a grandeza da baleia convém à grandeza do mar; no segundo, a pequenez do cisne contrasta com a vastidão do mar. Nunca saberemos se aqueles que forjaram essas metáforas perceberam essas conotações. No verso 60 do canto I do *Inferno* lemos: *mi ripigneva là dove'l sol tace*.

"Onde o sol cala", o verbo auditivo expressa uma imagem visual. Recordemos o famoso hexâmetro da *Eneida*: *a Tenedo, tacitae per amica silentia lunae*.

Mais além da fusão dos termos, meu propósito atual é o exame de três curiosas linhas.

A primeira é o verso 13 do canto I do *Purgatório*: *Dolce color d'oriental zaffiro*.

Buti declara que a safira é uma pedra preciosa de cor entre azul-celeste e azul, muito agradável à vista, e que a safira oriental é uma variedade que se encontra na Média.

Dante, no verso citado, sugere a cor do Oriente aludindo a uma safira em cujo nome está o Oriente. Insinua dessa forma um jogo recíproco que bem pode ser infinito.* Nas *Hebrew Melodies* (1815), de Byron, descobri um artifício análogo: *She walks in beauty, like the night.*

"Caminha, como a noite, em esplendor"; para aceitar esse verso, o leitor deve imaginar uma mulher alta e morena caminhando como a Noite, que por sua vez é uma mulher alta e morena, e assim infinitamente.**

O terceiro exemplo é de Robert Browning. É composto pela dedicatória do vasto poema dramático *The Ring and the Book* (1868): *O lyric Love, half angel and half bird...*

O poeta afirma a respeito de Elizabeth Barrett, que morreu, que ela é metade anjo e metade pássaro, mas o anjo já é metade pássaro, e dessa maneira se propõe uma subdivisão, que pode ser interminável.

Não sei se posso incluir nesta antologia casual o discutido verso de Milton (*Paradise Lost*, IV, 323): *...the fairest of her daughters, Eve.*

"De suas filhas a mais bela, Eva"; para a razão, o verso é absurdo; para a imaginação, talvez não seja.

---

*Lemos na estrofe inicial das *Soledades* de Góngora: *Era del año la estación florida/ en que el mentido robador de Europa,/ media luna las armas de su frente/ y el Sol todos los rayos de su pelo/ luciente honor del cielo,/ en campo de zafiros pasce estrellas.* O verso do *Purgatório* é delicado; o das *Soledades* é deliberadamente ruidoso.

**Baudelaire escreveu em "Recueillement": *Entends, ma chère, entends, la douce nuit qui marche.* A silenciosa marcha da noite é algo que deveria ser impossível de se escutar.

o simurgh e a águia

Literariamente, em que poderia resultar a noção de um ser composto de outros seres, de um pássaro (digamos) feito de pássaros?* O problema, formulado dessa maneira, só parece admitir soluções triviais, quando não ativamente desagradáveis. Dir-se-ia que ele é esgotado pelo *monstrum horrendum ingens*, numeroso em plumas, olhos, línguas e ouvidos, personificado pela Fama (melhor dizendo: o Escândalo ou o Boato), na quarta *Eneida*, ou por aquele estranho rei feito de homens que povoa o frontispício do *Leviatã*, armado com a espada e o báculo. Francis Bacon (*Essays*, 1625) elogiou a primeira dessas imagens. Chaucer e Shakespeare a imitaram; ninguém, hoje, haverá de considerá-la muito superior à da "fera Aqueronte" que, conforme consta dos cinquenta e tantos manuscritos da *Visio Tundali*, guarda na curva de seu ventre os réprobos, que ali são atormentados por cães, ursos, leões, lobos e serpentes.

A noção abstrata de um ser composto de outros seres não parece prognosticar nada de bom; a ela correspondem, contudo, incrivelmente, uma das figuras mais memoráveis da literatura ocidental e outra da oriental. O objetivo desta nota é descrever essas ficções prodigiosas. Uma foi concebida na Itália; a outra em Nishapur.

*Analogamente, na *Monadologia* (1714), de Leibniz, lemos que o universo é formado por ínfimos universos, que por sua vez contêm o universo, e assim infinitamente.

A primeira está no canto XVIII do *Paraíso*. Dante, em sua viagem pelos céus concêntricos, percebe uma felicidade mais intensa nos olhos de Beatriz, um aumento do poderio de sua beleza, e compreende que ascenderam do vermelho céu de Marte ao céu de Júpiter. No dilatado âmbito dessa esfera onde a luz é branca, voam e cantam criaturas celestiais que formam sucessivamente as letras da sentença *Diligite justitiam* e em seguida a cabeça de uma águia certamente não copiada das terrenas, mas fabricação direta do Espírito. Resplandece em seguida a águia inteira; é composta por milhares de reis justos; fala, símbolo manifesto do Império, com uma única voz, e articula "eu" em lugar de "nós" (*Paraíso*, XIX, 11). Um antigo problema exauria a consciência de Dante: não é injusto que Deus condene por falta de fé um homem de vida exemplar que nasceu às margens do Indo e que não tem como saber de Jesus? A Águia responde com a obscuridade que convém às revelações divinas; reprova a interrogação ousada, repete que a fé no Redentor é indispensável e sugere que Deus pode ter infundido essa fé em determinados pagãos virtuosos. Afirma que entre os bem-aventurados estão o imperador Trajano e Rifeu, este anterior e aquele posterior à Cruz.* (Esplêndida no século XIV, a aparição da Águia talvez seja menos eficaz no XX,

---

*Pompeo Venturi desaprova a escolha de Rifeu, varão que até essa apoteose só existira em certos versos da *Eneida* (II, 339, 426). Virgílio o declara o mais justo dos troianos e adiciona ao registro de seu fim a resignada elipse: *Dies aliter visum* (Outros foram os desígnios dos deuses). Não há outro rastro dele em toda a literatura. Talvez Dante o tenha escolhido como símbolo em virtude de sua imprecisão. Cf. comentários de Casini (1921) e Guido Vitali (1943).

que dedica as águias luminosas e as altas letras de fogo à propaganda comercial. Cf. Chesterton, *What I Saw in America*, 1922.)

Que alguém tenha conseguido superar uma das grandes figuras da *Comédia* parece, com razão, incrível; o feito, contudo, ocorreu. Um século antes que Dante concebesse o emblema da Águia, Farid al-din Attar, persa da seita dos sufistas, concebeu o estranho Simurgh (Trinta Pássaros), que virtualmente o corrige e inclui. Farid al--din Attar nasceu em Nishapur,* pátria de turquesas e espadas. Attar, em persa, significa aquele que comercializa drogas. Nas *Memórias dos poetas* lemos que esse era seu ofício. Uma tarde entrou um dervixe na drogaria, olhou as inúmeras caixas de comprimidos e os frascos e começou a chorar. Attar, preocupado e atônito, pediu-lhe que se fosse. O dervixe respondeu: "Não tenho a menor dificuldade em partir, pois não levo nada comigo. Tu, porém, acharás difícil despedir-te dos tesouros que estou vendo". O coração de Attar ficou frio como a cânfora. O dervixe se foi, mas na manhã seguinte Attar abandonou sua loja e os misteres deste mundo.

Peregrino em Meca, atravessou o Egito, a Síria, o Turquestão e o norte do Hindustão; ao voltar, entregou--se com fervor à contemplação de Deus e à composição literária. Dizem que deixou 20 mil dísticos; suas obras se intitulam *Livro do rouxinol*, *Livro da adversidade*, *Livro do conselho*, *Livro dos mistérios*, *Livro do conhecimento divino*, *Memórias dos santos*, *O rei e a rosa*, *Declaração das*

---

* Katibi, autor da *Confluência dos dois mares*, declarou: "Venho do jardim de Nishapur, como Attar, mas sou o espinho de Nishapur e ele era a rosa".

maravilhas e o singular *Colóquio dos pássaros* (*Mantiq-al--Tayr*). Nos últimos anos de sua vida, que teriam alcançado 110, renunciou a todos os prazeres do mundo, inclusive a versificação. Deram-lhe morte os soldados de Tule, filho de Gengis Khan. A vasta imagem que mencionei é a base do *Mantiq-al-Tayar*. Eis aqui a fábula do poema.

O remoto rei dos pássaros, o Simurgh, deixa cair uma pena deslumbrante no centro da China; os pássaros, cansados de sua antiga anarquia, resolvem ir atrás dele. Sabem que o nome de seu rei significa trinta pássaros; sabem que sua fortaleza está situada no Kaf, a montanha circular que rodeia a terra.

Empreendem a aventura quase infinita; superam sete vales ou mares; o nome do penúltimo é Vertigem; o último se chama Aniquilação. Muitos peregrinos desertam; outros perecem. Trinta, purificados pelos trabalhos, pisam a montanha do Simurgh. Contemplam-na, por fim: percebem que são o Simurgh e que o Simurgh é cada um deles e todos ao mesmo tempo. No Simurgh estão os trinta pássaros e em cada pássaro está o Simurgh.* (Também Plotino — *Enéadas*, v, 8.4 — declara uma extensão paradisíaca do princípio de identidade: "Tudo, no céu inteligível, está em todo lugar. Qualquer coisa é todas as coisas. O Sol é todas as estrelas, e cada estrela é todas as estrelas, e cada estrela é todas as estrelas e o Sol".)

A disparidade entre a Águia e o Simurgh não é menos evidente que sua similaridade. A Águia não é mais que

---

*Silvina Ocampo (*Espacios métricos*, 12) versificou assim o episódio: *Era Dios ese pájaro como un enorme espejo;/ los contenía a todos; no era un mero reflejo./ En sus plumas hallaron cada uno sus plumas/ en los ojos, los ojos con memorias de plumas.*

inverossímil; o Simurgh, impossível. Os indivíduos que compõem a Águia não se perdem nela (Davi é a pupila do olho; Trajano, Ezequias e Constantino, as sobrancelhas): os pássaros que contemplam o Simurgh são ao mesmo tempo o Simurgh. A Águia é um símbolo passageiro, como antes o foram as letras, e aqueles que a desenham não deixam de ser quem são; o ubíquo Simurgh é inextricável. Por trás da Águia está o Deus pessoal de Israel e de Roma; por trás do mágico Simurgh está o panteísmo.

Uma última observação. Na parábola do Simurgh é notório o poder da imaginação; menos enfática mas não menos real é sua economia ou rigor. Os peregrinos vão atrás de uma meta ignorada; essa meta, que só conheceremos no final, tem a obrigação de maravilhar, e não de ser ou parecer um acréscimo. O autor desfaz a dificuldade com elegância clássica; destramente, os buscadores são aquilo que buscam. Não diferentemente Davi é o protagonista oculto da história que conta Natan (2 Samuel, 12); não diferentemente De Quincey conjeturou que o homem Édipo, não o homem em geral, é a profunda solução do enigma da Esfinge de Tebas.

o encontro num sonho

Superados os círculos do Inferno e os árduos terraços do Purgatório, Dante, no Paraíso terrestre, finalmente vê Beatriz; Ozanam conjetura que a cena (certamente uma das mais assombrosas já atingidas pela literatura) é o núcleo primitivo da *Comédia*. Meu objetivo é relatá-la, resumir o que dizem os escoliastas e apresentar uma ou outra observação, talvez nova, de índole psicológica.

Na manhã do dia 13 de abril de 1300, penúltimo dia de sua viagem, Dante, executadas suas tarefas, entra no Paraíso terrestre, que coroa o cume do Purgatório. Viu o fogo temporal e o eterno, atravessou um muro de fogo, seu arbítrio é livre e é reto. Virgílio deu-lhe mitra e coroou-o senhor de si mesmo (*per ch'io te sovra te corono e mitrio*). Pelos caminhos do antigo jardim chega a um rio mais puro que nenhum outro, embora as árvores não permitam que ele seja iluminado nem pela lua nem pelo sol. Anda pelo ar uma música, e na outra margem avança uma procissão misteriosa. Vinte e quatro anciãos envergando roupas brancas e rodeados por quatro seres viventes de seis asas, cheios de olhos abertos ao redor e por dentro, precedem um carro triunfal, puxado por um grifo; à direita dançam três mulheres, uma das quais é tão vermelha que se estivesse no meio do fogo mal a veríamos; à esquerda, quatro, de púrpura, uma das quais tem três olhos. O carro se detém e aparece uma mulher velada; seu traje é da cor de uma chama viva. Não porque a vê, mas pelo estupor de seu espírito e pelo temor de seu sangue, Dante compreende que se trata de Beatriz. No umbral da Glória sente o amor que tantas vezes o trespassara em Florença. Procura o apoio de Virgílio, como um menino assustado, mas Virgílio já não está junto dele.

*Ma Virgilio n'avea lasciati scemi
di sè, Virgilio dolcissimo patre,
Virgilio a cui per mia salute die'mi.*

Beatriz o chama pelo nome, imperiosa. Diz-lhe que não deve chorar o desaparecimento de Virgílio, mas suas próprias culpas. Irônica, pergunta-lhe como pôde aceitar pôr os pés num lugar onde o homem é feliz. O ar se povoou de anjos; Beatriz, implacável, enumera para eles os extravios de Dante. Diz que em vão o buscava nos sonhos, pois ele caíra tão baixo que a única maneira de salvá-lo fora mostrar-lhe os réprobos. Dante baixa os olhos, constrangido, e balbucia e chora. Os seres fabulosos escutam: Beatriz o obriga a confessar-se publicamente... Essa é, em má prosa espanhola, a queixosa cena do primeiro encontro com Beatriz no Paraíso. Curiosamente, observa Theophil Spoerri (*Einführung in die Göttliche Komödie*, Zurique, 1946): "Sem dúvida o próprio Dante previra o encontro de outra maneira. Nada indica, nas páginas anteriores, que ali o esperava a maior humilhação de sua vida".

Figura por figura, os comentadores decifram a cena. Os 24 anciãos preliminares ao Apocalipse (4, 4) são os 24 livros do Velho Testamento, de acordo com o *Prologus Galeatus* de são Jerônimo. Os animais com seis asas são os evangelistas (Tommaseo) ou os Evangelhos (Lombardi). As seis asas são as seis leis (Pietro di Dante) ou a difusão da doutrina nas seis direções do espaço (Francesco da Buti). O carro é a Igreja universal; as duas rodas são os dois Testamentos (Buti) ou a vida ativa e a contemplativa (Benvenuto da Imola) ou são Domingos e são Francisco (*Paraíso*, XII, 106-11) ou a Justiça e a Piedade (Luigi Pietrobono). O grifo — leão e águia — é Cristo, pela união hipostática do Verbo com a natureza humana; Didron afirma que é o papa, "que como pontífice ou águia se eleva até o trono de Deus para receber suas instruções, e como leão ou rei anda pela terra com fortaleza e vigor". As mulheres que dançam à direita são as virtudes teologais; as que dançam à esquerda, as cardeais. A mulher dotada de três olhos é a Prudência, que vê o passado, o presente e o futuro. Surge Beatriz e desaparece Virgílio, porque Virgílio é a razão e Beatriz, a fé. Ainda segundo Vitali, porque à cultura clássica sucedeu a cultura cristã.

As interpretações que enumerei são, sem dúvida, viáveis. Logicamente (não poeticamente) justificam com bastante rigor os traços incertos. Carlo Steiner, depois de apoiar algumas, escreve: "Uma mulher com três olhos é um monstro, mas o Poeta, aqui, não se submete ao freio da arte, porque está muito mais interessado em exprimir as moralidades que lhe são caras. Prova inequívoca de que na alma desse grandíssimo artista o primeiro lugar não era ocupado pela arte, mas pelo amor ao Bem". Com menor efusão, Vitali corrobora essa opinião: "O afã de alegorizar leva Dante a invenções de beleza duvidosa".

Dois fatos me parecem indiscutíveis. Dante queria que a procissão fosse bela (*Non che Roma di carro così bello, ral-*

legrasse Affricano); a procissão é de uma complicada fealdade. Um grifo preso a uma carroça, animais com asas pontilhadas de olhos abertos, uma mulher verde, outra carmesim, outra em cujo rosto há três olhos, um homem que caminha adormecido, parecem menos adequados à Glória que aos inúteis círculos infernais. Não ameniza seu horror o fato de que uma ou outra dessas figuras provenha dos livros proféticos (*ma leggi Ezechiel che li dipigne*) e outras da Revelação de são João. Minha censura não é um anacronismo; as outras cenas paradisíacas excluem o monstruoso.*

Todos os comentadores destacaram a severidade de Beatriz; alguns, a feiura de certos emblemas; as duas anomalias, para mim, derivam de uma origem comum. Trata-se, evidentemente, de uma conjetura; em poucas palavras irei apontá-la.

Apaixonar-se é criar uma religião cujo deus é falível. O fato de que Dante professou uma adoração idolátrica por Beatriz é uma verdade que não cabe contradizer; que ela uma vez zombou dele e outra o humilhou são fatos registrados na *Vita nuova*. Há quem afirme que esses fatos são imagens de outros fatos; isso, se for verdade, reforçaria ainda mais nossa certeza de um amor infeliz e supersticioso. Dante, morta Beatriz, perdida para sempre Beatriz, brincou com a ficção de encontrá-la, para assim mitigar sua tristeza; tenho para mim que ele edificou a tripla arquitetura de seu poema para intercalar esse encontro.

---

*Depois que o que antecede já estava escrito, leio nas glosas de Francesco Torraca que em certo bestiário italiano o grifo é símbolo do demônio (*Per lo Grifone intendo lo nemico*). Não sei se é lícito acrescentar que no Códice de Exeter a pantera, animal de voz melodiosa e hálito suave, é símbolo do redentor.

Ocorreu-lhe então o que costuma acontecer nos sonhos, maculando-o com tristes percalços. Tal foi o caso de Dante. Negado para sempre por Beatriz, sonhou com Beatriz, mas sonhou-a severíssima, mas sonhou-a inacessível, mas sonhou-a num carro puxado por um leão que era um pássaro e que era todo pássaro ou todo leão quando os olhos de Beatriz o esperavam (*Purgatório*, XXXI, 121). Tais fatos podem anunciar um pesadelo: este se fixa e se dilata no outro canto. Beatriz desaparece; uma águia, uma raposa e um dragão atacam o carro; as rodas e o timão ficam cobertos de penas; o carro, então, cria sete cabeças (*Transformato cosi'l dificio santo/ mise fuor teste...*); um gigante e uma prostituta usurpam o lugar de Beatriz.*

Infinitamente existiu Beatriz para Dante. Dante, muito pouco, talvez nada para Beatriz; todos nós tendemos por piedade, por veneração, a esquecer essa lastimável discórdia inesquecível para Dante. Leio e releio os azares de seu ilusório encontro e penso em dois amantes sonhados por Alighieri no furacão do segundo círculo e que são símbolos obscuros, embora ele não o entendesse, ou não o desejasse, dessa felicidade que não obteve. Penso em Francesca e em Paolo, unidos para sempre em seu Inferno (*Questi, che mai da me non fia diviso...*). Com tremendo amor, com ansiedade, com admiração, com inveja Dante terá composto esse verso.

---

*Alguém objetará que tais fealdades são o oposto da precedente "Formosura". Sem dúvida, mas elas são significativas... Alegoricamente, a agressão da águia representa as primeiras perseguições: a raposa, a heresia: o dragão, Satanás ou Maomé ou o Anticristo; as cabeças, os pecados mortais (Benvenuto da Imola) ou os sacramentos (Buti); o gigante, Felipe IV, o Belo, rei da França.

o último sorriso
de beatriz

Meu objetivo é comentar os versos mais patéticos que a literatura já produziu. Fazem parte do canto XXXI do *Paraíso* e, embora famosos, ninguém parece ter discernido o pesar que existe neles, ninguém os escutou por inteiro. É bem verdade que a trágica substância que eles encerram pertence menos à obra que ao autor da obra, menos a Dante protagonista que a Dante redator ou inventor.

Eis a situação: no alto do monte do Purgatório, Dante se perde de Virgílio. Guiado por Beatriz, cuja beleza aumenta a cada novo céu que tocam, percorre esfera após esfera concêntrica até sair para a que circunda as outras, que é a do Primeiro Motor. A seus pés estão as estrelas fixas; sobre elas, o empíreo, que já não é céu corpóreo mas céu eterno, feito somente de luz. Sobem ao empíreo; nessa infinita região (como nas telas pré-rafaelitas), o remoto não é menos nítido que o que está muito perto. Dante vê um alto rio de luz, vê bandos de anjos, vê a múltipla rosa paradisíaca formada pelas almas dos justos, organizadas em forma de anfiteatro. De repente, percebe que Beatriz o deixou. Ele a vê no alto, num dos círculos da Rosa. Como um homem que estando no fundo do mar erguesse os olhos para a região do trono, assim ele a venera e lhe implora. Dá-lhe graças por sua piedade benfazeja e lhe encomenda sua alma. O texto diz então:

Così orai; e quella, sì lontana
come parea, sorrise e riguardommi;
poi si tornò all'etterna fontana.

Como interpretar tal passagem? Os alegoristas nos dizem: a razão (Virgílio) é um instrumento para chegar à fé; a fé (Beatriz), um instrumento para chegar à divindade; os dois desaparecem uma vez obtido o que busca. A explicação, como o leitor terá percebido, é tão inatacável quanto gélida; não foi desse mísero esquema que saíram aqueles versos.

Os comentários que interroguei não veem mais que um símbolo de aquiescência no sorriso de Beatriz. "Último olhar, último sorriso, mas promessa certa", anota Francesco Torraca. "Ela sorri para dizer a Dante que sua súplica foi aceita; olha-o para comunicar-lhe uma vez mais o amor que sente por ele", confirma Luigi Pietrobono. Essa conclusão (que também é a de Casini) me parece muito justa, mas é visível que ela mal aflora a cena.

Ozanam (*Dante et la philosophie catholique*, 1895) pensa que a apoteose de Beatriz foi o tema primitivo da *Comédia*; Guido Vitali se pergunta se Dante, ao criar seu Paraíso, não foi movido antes de mais nada pela intenção de fundar um reino para sua dama. Uma passagem bem conhecida da *Vita nuova* ("Espero dizer dela o que de nenhuma mulher se disse") justifica ou permite essa conjetura. Eu iria mais longe. Tenho a impressão de que Dante edificou o melhor livro produzido pela literatura para intercalar alguns encontros com a irrecuperável Beatriz. Melhor dizendo, os círculos do castigo e o Purgatório austral e os nove círculos concêntricos e Francesca e a sereia e o Grifo e Bertrand de Born são intercalações; um sorriso e uma voz, que ele sabe perdidos, são o que importa. No início da *Vita nuova* lemos que uma vez ele enumerou sessenta nomes de mulher numa epístola para introduzir entre eles, secreto, o nome de Beatriz. Penso que esse jogo melancólico se repetiu na *Comédia*.

Não há nada de singular no fato de que um infeliz imagine a felicidade; todos nós, todos os dias, fazemos isso. Dante faz como nós, mas algo, sempre, nos deixa entrever o horror que ocultam essas venturosas ficções. Num poema de Chesterton fala-se em *nightmares of delight*, pesadelos de deleite; esse oximoro define mais ou menos o mencionado terceto do *Paraíso*. Mas a ênfase, na sentença de Chesterton, está na palavra *delight*; no terceto, em *nightmare*.

Reconsideremos a cena. Dante, com Beatriz ao lado, está no empíreo. Sobre os dois, abóbada incomensurável, a Rosa dos Justos. A Rosa está afastada, mas as formas que a povoam são nítidas. Essa contradição, embora justificada pelo poeta (*Paraíso*, XXX, 118), talvez constitua o primeiro indício de uma dissonância íntima. Beatriz, subitamente, já não está ao lado dele. Um ancião ocupou seu lugar (*credea veder Beatrice, e vidi un sene*). Dante mal consegue perguntar onde está Beatriz. *Ov'è ella?*, grita. O ancião aponta um dos círculos da altíssima Rosa. Lá, aureolada, está Beatriz; Beatriz, cujo olhar costumava deixá-lo repleto de intolerável beatitude; Beatriz, que costumava vestir-se de vermelho; Beatriz, em quem pensara tanto que se assombrou ao considerar que os peregrinos que avistou certa manhã em Florença jamais haviam ouvido falar nela; Beatriz, que uma vez lhe negara o cumprimento; Beatriz, morta aos 24 anos; Beatriz de Folco Portinari, que se casara com Bardi. Dante a avista, no alto; o claro firmamento não está mais distante do fundo remoto do mar do que ela dele. Dante ora para ela como diante de Deus, mas também como diante de uma mulher desejada:

O donna in cui la mia speranza vige,
e che soffristi per la mia salute
in inferno lasciar le tue vestige...

Beatriz, então, olha para ele por um instante e sorri, para em seguida voltar-se para a eterna fonte de luz. Francesco de Sanctis (*Storia della Letteratura Italiana*, VII) interpreta assim a passagem: "Quando Beatriz se afasta, Dante não profere um lamento: toda a escória terrestre ardeu nele e foi destruída". É verdade, se atentamos para o propósito do poeta; errôneo, se atentamos para o sentimento.

Consideremos um fato indiscutível, um único fato humilíssimo: a cena foi *imaginada* por Dante. Para nós, ela é muito real; para ele, foi menos. (A realidade, para ele, era que primeiro a vida e depois a morte lhe haviam arrebatado Beatriz.) Ausente para sempre de Beatriz, sozinho e quem sabe humilhado, imaginou a cena para imaginar que estava com ela. Desgraçadamente para ele, felizmente para os séculos que o leriam, a consciência de que o encontro era imaginário deformou a visão. Daí as circunstâncias atrozes, tanto mais infernais, obviamente, por transcorrerem no empíreo: o desaparecimento de Beatriz, o ancião que ocupa seu lugar, a brusca elevação de Beatriz à Rosa, a fugacidade do sorriso e do olhar, o desvio eterno do rosto.* Nas palavras transparece o horror: *come parea* se refere a *lontana* mas contamina *sorrise*, de modo que em sua versão de 1867 Longfellow podia traduzir:

Thus I implored; and she, so far away,
Smiled as it seemed, and looked once more at me...

Eterna também parece contaminar *si tornò*.

---

*A *Blessed Demozel* de Rossetti, que traduzira a *Vita nuova*, também está infeliz no Paraíso.

a memória de shakespeare

25 de agosto de 1983

Vi no relógio da pequena estação que já passava das onze da noite. Fui andando até o hotel. Senti, como em outras vezes, a resignação e o alívio que os lugares muito conhecidos nos transmitem. O amplo portão estava aberto; a quinta, às escuras. Entrei no vestíbulo, cujos espelhos pálidos repetiam a configuração do salão. Curiosamente, o dono não me reconheceu e me estendeu o registro. Empunhei a pena que estava presa ao balcão, molhei-a no tinteiro de bronze e quando me inclinei sobre o livro aberto ocorreu a primeira surpresa das muitas com que me defrontaria naquela noite. Meu nome, Jorge Luis Borges, já estava escrito, e a tinta, ainda fresca.

O dono me disse:

— Pensei que o senhor já havia subido.

Em seguida olhou bem para mim e se corrigiu:

— Desculpe, senhor. O outro se parece tanto consigo, só que o senhor é mais jovem.

Perguntei:

— Em que quarto ele está?

— Ele pediu o quarto 19 — foi a resposta.

Era o que eu temia.

Larguei a pena e subi correndo as escadas. O quarto 19 ficava no segundo andar e dava para um pobre pátio desmantelado no qual havia uma grade e, lembro-me, um banco de praça. Era o quarto mais alto do hotel. Abri a porta, que cedeu. Não haviam apagado o lustre. Iluminado pela luz impiedosa, eu me reconheci. De costas na estreita cama de ferro, mais velho, mais magro e muito pálido, estava eu, de olhos perdidos nas altas molduras de gesso. A voz chegou até mim. Não era exatamente a minha; era a que costumo ouvir em minhas gravações, ingrata e sem nuances.

— Que estranho — dizia —, somos dois e somos o mesmo. Mas nada é estranho nos sonhos.

Perguntei assustado:

— Então tudo isto é um sonho?

— É, tenho certeza, meu último sonho.

Com a mão mostrou o frasco vazio sobre o mármore da mesa de cabeceira.

— Só que você vai precisar sonhar muito até chegar a esta noite. Em que data você está?

— Não sei muito bem — respondi aturdido. — Mas ontem completei sessenta e um anos.

— Quando sua vigília chegar a esta noite, você terá completado, ontem, oitenta e quatro. Hoje estamos em 25 de agosto de 1983.

— Tantos anos de espera — murmurei.

— Para mim, nenhuma — disse, brusco. — Posso morrer a qualquer momento, posso perder-me no que não sei e continuo sonhando com o duplo. O tema gasto que obtive dos espelhos e de Stevenson.

Senti que a evocação de Stevenson era uma despedida, e não um traço pedante. Eu era ele e compreendia. Não bastam os momentos mais dramáticos para ser Shakespeare e encontrar frases memoráveis. Para distraí-lo, disse-lhe:

— Eu sabia que isso lhe aconteceria. Aqui mesmo, há anos, num dos aposentos do andar de baixo, começamos a escrever o rascunho da história deste suicídio.

— É — respondeu-me lentamente, como quem recolhe lembranças —, mas não vejo qual é a relação. Naquele rascunho eu havia comprado uma passagem de ida para Adrogué, e já no hotel Las Delicias havia subido para o quarto 19, o mais afastado de todos. Lá me suicidara.

— Por isso estou aqui — falei.

— Aqui? Sempre estamos aqui. Aqui sonho você na casa da rua Maipú. Aqui estou partindo, no quarto que foi da mãe.

— Que foi da mãe — repeti, sem querer entender. — Sonho você no quarto 19, no pátio de cima.

— Quem sonha quem? Eu sei que sonho você, mas não sei se você está me sonhando. O hotel de Adrogué foi demolido já faz tantos anos, vinte, talvez trinta. Sabe-se lá.

— O sonhador sou eu — retorqui com certo tom de desafio.

— Você não se dá conta de que o fundamental é verificar se há apenas um homem sonhando ou dois que se sonham um ao outro.

— Eu sou Borges, que viu seu nome no registro e subiu.

— Borges sou eu, que estou morrendo na rua Maipú.

Houve um silêncio, o outro me disse:

— Vamos fazer a prova. Qual foi o momento mais terrível de nossa vida?

Inclinei-me sobre ele e ambos falamos ao mesmo tempo. Sei que nós dois mentimos.

Um leve sorriso iluminou o rosto envelhecido. Senti que aquele sorriso refletia, de algum modo, o meu.

— Mentimos um para o outro — disse-me ele — porque nos sentimos dois e não um. A verdade é que somos dois e somos um.

Aquela conversa estava me irritando. Disse isso a ele. Acrescentei:

— E você, em 1983, não vai me revelar nada sobre os anos que me restam?

— O que posso lhe dizer, pobre Borges? As desgraças a que você já está acostumado se repetirão. Você ficará sozinho nesta casa. Tocará os livros sem letras e o medalhão de Swedenborg e a bandeja de madeira com a Cruz Federal. A cegueira não é a treva; é uma forma da solidão. Você voltará à Islândia.

— À Islândia! À Islândia dos mares!

— Em Roma, repetirá os versos de Keats, cujo nome, como o de todos, foi escrito na água.

— Nunca estive em Roma.

— Há outras coisas ainda. Você escreverá nosso melhor poema, que será uma elegia.

— À morte de... — falei. Não ousei dizer o nome.

— Não. Ela viverá mais que você.

Ficamos em silêncio. Ele continuou:

— Você escreverá o livro com que sonhamos por tanto tempo. Lá por 1979 compreenderá que sua suposta obra não passa de um conjunto de rascunhos, de rascunhos variados, e cederá à inútil e supersticiosa tentação de escrever seu grande livro. A superstição que nos infligiu o *Fausto*, *Salambô*, o *Ulisses*. Incrivelmente, enchi muitas páginas.

— E no fim compreendeu que havia fracassado.

— Pior. Compreendi que era uma obra-prima no sentido mais assombroso da palavra. Minhas boas intenções não haviam passado das primeiras páginas; nas outras estavam os labirintos, as facas, o homem que acredita ser uma imagem, o reflexo que acredita ser verdadeiro, o tigre das noites, as batalhas que voltam no sangue, Juan Muraña cego e fatal, a voz de Macedonio, a embarcação feita com as unhas dos mortos, o inglês antigo repetido nas tardes.

— Conheço esse museu — observei com ironia.

— E também as falsas lembranças, o duplo jogo dos símbolos, as longas enumerações, o bom manejo do prosaísmo, as simetrias imperfeitas que os críticos descobrem alvoroçados, as citações nem sempre apócrifas.

— Você publicou esse livro?

— Brinquei, sem convicção, com a ideia melodramática de destruí-lo, talvez pelo fogo. Acabei por publicá-lo em Madri, sob um pseudônimo. Alguém falou num imitador inepto de Borges, alguém com o defeito de não ser Borges e de ter repetido o exterior do modelo.

— Não me surpreende — disse eu. — Todo escritor acaba sendo seu discípulo menos inteligente.

— Esse livro foi um dos caminhos que me conduziram a esta noite. Quanto ao resto... A humilhação da velhice, a convicção de já ter vivido cada dia...

— Não escreverei esse livro — falei.

— Escreverá. Minhas palavras, que agora são o presente, serão somente a memória de um sonho.

Incomodou-me seu tom dogmático, sem dúvida o mesmo que utilizo em minhas aulas. Incomodou-me que nos parecêssemos tanto e que ele se aproveitasse da impunidade que lhe dava a proximidade da morte. Querendo uma revanche, falei:

— Você tem assim tanta certeza de que vai morrer?
— Tenho — respondeu. — Sinto uma espécie de doçura e de alívio que nunca senti antes. Não consigo comunicar o que sinto. Todas as palavras exigem uma experiência partilhada. Por que você parece ficar tão incomodado com o que lhe digo?
— Porque somos excessivamente parecidos. Detesto seu rosto, que é minha caricatura, detesto sua voz, que é um arremedo da minha, detesto sua sintaxe patética, que é a minha.
— Comigo é a mesma coisa — disse o outro. — Por isso resolvi me suicidar.
Um pássaro cantou na esquina.
— É o último — disse o outro.
Com um gesto, chamou-me para perto dele. Sua mão procurou a minha. Recuei; tive medo de que as duas se confundissem.
Ele disse:
— Os estoicos ensinam que não devemos queixar-nos da vida; a porta da prisão está aberta. Sempre entendi assim, mas a preguiça e a covardia me retiveram. Há uns doze dias mais ou menos eu estava fazendo uma conferência em La Plata sobre o livro VI da *Eneida*. De repente, ao escandir um hexâmero, percebi qual era meu caminho. Tomei essa decisão. Desde aquele momento me senti invulnerável. Minha sorte será a sua, você receberá a brusca revelação no meio do latim e de Virgílio, e já terá esquecido completamente este curioso diálogo profético, que transcorre em dois tempos e em dois lugares. Quando voltar a sonhá-lo, será aquele que sou e será meu sonho.
— Não me esquecerei dele e vou escrevê-lo amanhã.

— Ele ficará nas profundezas de sua memória, debaixo da maré dos sonhos. Quando você o escrever, imaginará que está inventando uma história fantástica. Não será amanhã, ainda lhe restam muitos anos.

Parou de falar, compreendi que havia morrido. De certa maneira eu morria com ele; inclinei-me ansioso sobre o travesseiro e não havia mais ninguém.

Fugi do quarto. Do lado de fora não havia pátio, nem escadas de mármore, nem o casarão silencioso, nem os eucaliptos, nem as estátuas, nem o coreto, nem os chafarizes, nem o portão da cerca da quinta naquele povoado de Adrogué.

Do lado de fora me esperavam outros sonhos.

tigres azuis

Uma famosa página de Blake faz do tigre um fogo que resplandece e um arquétipo eterno do Mal; prefiro a sentença de Chesterton, que o define como um símbolo de terrível elegância. Não há palavras, ademais, que possam cifrar o tigre, essa forma que há séculos habita a imaginação dos homens. O tigre sempre me atraiu. Sei que quando criança eu me deixava ficar diante de certa jaula do zoológico; as outras não me interessavam nem um pouco. Avaliava as enciclopédias e os textos de história natural pelas estampas de tigres. Quando os *Jungle Books* me foram revelados, incomodou-me que Shere Khan, o tigre, fosse o inimigo do herói. Ao longo do tempo, esse curioso amor não me abandonou. Sobreviveu a minha vontade paradoxal de ser caçador e às triviais vicissitudes humanas. Até há pouco tempo — a data me parece remota, mas na verdade não é — conviveu tranquilamente com minhas tarefas habituais da Universidade de Lahore. Sou professor de lógica ocidental e curioso da oriental e dedico meus domingos a um seminário sobre a obra de Espinosa. Convém acrescentar que sou escocês; talvez tenha sido o amor pelos tigres que me trouxe de Aberdeen para o Punjab. O decorrer de minha vida foi trivial, mas nos sonhos sempre vi tigres. (Agora eles são povoados por outras formas.)

Já contei essas coisas mais de uma vez, e agora elas me

parecem alheias. Deixo-as, mesmo assim, já que minha confissão o exige.

Em fins de 1904 li que na região do delta do Ganges haviam descoberto uma variedade azul da espécie. A notícia foi confirmada por telegramas ulteriores, com as contradições e disparidades que competem ao caso. Meu velho amor se reanimou. Imaginei que houvesse um erro, considerando a imprecisão habitual dos nomes das cores. Lembrei-me de haver lido que em islandês o nome da Etiópia era *Blåland*, Terra Azul ou Terra de Negros. O tigre azul talvez fosse uma pantera negra. Nada foi dito a respeito das listras, e a imagem de um tigre azul com listras prateadas divulgada pela imprensa de Londres era evidentemente apócrifa. O azul da ilustração pareceu-me mais próprio da heráldica que da realidade. Num sonho vi tigres de um azul que jamais havia visto e para o qual não encontrei a palavra justa. Sei que ele era quase negro, mas essa circunstância não basta para imaginar o tom.

Meses depois, um colega me disse que em certa aldeia muito remota do Ganges ouvira falar em tigres azuis. A informação não deixou de me surpreender, porque sei que naquela região os tigres são escassos. Novamente sonhei com o tigre azul, que ao andar projetava sua longa sombra sobre um solo arenoso. Aproveitei as férias para empreender a viagem àquela aldeia, de cujo nome — por razões que mais adiante esclarecerei — não quero lembrar-me.

Cheguei depois de acabada a estação das chuvas. A aldeia ficava agachada ao pé de um monte que me pareceu mais largo que alto, e era cercada e ameaçada pela selva, que tinha uma cor parda. O vilarejo de minha aventura deve estar em alguma página de Kipling, visto que nelas está toda a Índia e, de certa maneira, todo o orbe. Por enquanto basta dizer que uma vala com oscilantes pontes feitas com caniços mal defendia as choças. Para o sul havia brejos e arrozais e uma depressão com um rio limoso cujo nome eu jamais soube, e depois, de novo, a selva.

A população era de hindus. O fato, que eu previra, não me agradou. Sempre me dei melhor com os muçulmanos, embora o Islã, sei bem, seja a mais pobre das crenças derivadas do judaísmo.

Sentimos que na Índia o homem pulula; na aldeia, senti que o que pulula é a selva, que quase penetrava nas choças. O dia era opressivo e as noites não traziam frescor.

Os anciãos me deram as boas-vindas e mantive com eles um primeiro diálogo, composto de vagas cortesias. Já mencionei a pobreza do lugar, mas sei que todo homem dá por assente que sua pátria encerra algo único. Ponderei os duvidosos quartos e os não menos duvidosos manjares e disse que a fama daquela região chegara até Lahore. Os rostos dos homens mudaram; intuí imediatamente que cometera uma infâmia e que deveria arrepender-me. Senti-os detentores de um segredo que não dividiriam com um estranho. Talvez venerassem o tigre azul e lhe dedicassem um culto que minhas palavras temerárias haviam profanado.

Esperei a manhã do dia seguinte. Consumido o arroz e bebido o chá, abordei meu assunto. Apesar do ocorrido na véspera, não entendi, não consegui entender, o que sucedeu. Todos me olharam com estupor e quase com espanto, mas quando eu lhes disse que meu objetivo era capturar a fera de curiosa pele, ouviram-me com alívio. Um deles disse que a entrevira nos limites da selva.

No meio da noite me despertaram. Um rapaz me disse que uma cabra escapulira do redil e que, ao sair atrás dela, avistara o tigre azul na outra margem do rio. Pensei comigo que a luz da lua nova não permitia que se percebesse a cor, mas todos confirmaram o relato, e um deles, que antes guardara silêncio, disse que também vira o tigre. Saímos com os rifles e eu vi, ou acreditei ver, uma sombra felina que se embrenhava na escuridão da selva. Não encontraram a cabra, mas a fera que a levara bem que podia não ser meu tigre azul. Apontaram-me com ênfase certos rastros que, evidentemente, nada provavam. Findas as noites, compreendi que aqueles falsos alarmes constituíam uma rotina. Como Daniel Defoe, os homens do lugar eram destros na invenção de fatos circunstanciais. O tigre podia ser avistado a qualquer hora, para os lados dos arrozais do sul ou para os lados da maranha do norte, mas em pouco tempo percebi que os observadores se revezavam com uma regularidade suspeita. Minha chegada coincidia invariavelmente com o exato momento em que o tigre acabava de fugir. Sempre me mostravam a pegada e alguma coisa quebrada, mas o punho de um homem pode falsificar os rastros de um tigre. Uma vez ou outra fui testemunha de um cachorro morto. Numa noite de lua pusemos uma cabra como isca e esperamos inutilmente até a aurora. No início pensei que aquelas invenções cotidianas obedeciam ao propósito de fazer-me prolongar minha estadia, que beneficiava a aldeia, já que as pessoas me vendiam alimentos e executavam minhas tarefas domésticas. Para pôr à prova essa conjetura, disse-lhes que pretendia procurar o tigre em outra região, águas abaixo. Surpreendeu-me que todos

aprovassem minha decisão. Mesmo assim, continuei percebendo que havia um segredo e que todos me receavam.
Já falei que o monte arborizado ao pé do qual jazia a aldeia não era muito alto; uma meseta o truncava. Do outro lado, para o oeste e o norte, a selva prosseguia. Já que a encosta não era íngreme, certa tarde sugeri que escalássemos o monte. Minhas palavras simples os consternaram. Um exclamou que a encosta era muito escarpada. O mais velho disse com gravidade que era impossível realizar o que eu pretendia. O topo do monte era sagrado e o acesso estava vedado aos homens por obstáculos mágicos. Aqueles que a palmilhassem com pés mortais corriam o risco de ver a divindade e de ficar loucos ou cegos.

Não insisti, mas naquela noite, quando todos dormiam, escapei da choça sem fazer barulho e subi a encosta amena. Não havia caminho, e o matagal retardou meus passos.

A lua estava no horizonte. Observei todas as coisas com atenção especial, como se pressentisse que aquele dia seria importante, talvez o mais importante de meus dias. Até hoje recordo as tonalidades escuras, às vezes quase negras, da folhagem. O dia estava clareando, e no interior da selva nem um pássaro cantou.

Vinte ou trinta minutos de subida e alcancei a meseta. Imaginei sem dificuldade que ela era mais fresca que a aldeia, sufocada a seus pés. Comprovei que não estava no topo, mas numa espécie de terraço, não muito amplo, e que a selva se encarapitava no flanco da montanha, subindo sempre. Senti-me livre, como se minha permanência na aldeia tivesse sido uma prisão. Não me incomodava que seus habitantes tivessem querido enganar-me; senti que no fundo eram crianças.

Quanto ao tigre... As muitas frustrações haviam gastado minha curiosidade e minha fé, mas de maneira quase mecânica procurei rastros. O solo era gretado e arenoso. Numa das gretas, que na verdade não eram profundas e que se ramificavam em outras, reconheci uma cor. Era, incrivelmente, o azul do tigre do meu sonho. Oxalá nunca o tivesse visto. Prestei bem atenção. A greta estava cheia de pedrinhas, todas iguais, circulares, muito lisas e de poucos centímetros de diâmetro. Sua regularidade lhes emprestava uma qualidade artificial, como se fossem fichas. Inclinei-me, pus a mão na greta e retirei várias delas. Senti um levíssimo tremor. Guardei o punhado no bolso direito, no qual havia uma tesourinha e um mapa de Allahabad. Esses dois objetos casuais têm seu lugar em minha história.

Já na choça, despi a jaqueta. Estendi-me na cama e tornei a sonhar com o tigre. No sonho, observei a cor; era a do tigre já sonhado e a das pedrinhas da meseta. Fui acordado pelo sol alto no rosto. Levantei. A tesoura e o mapa me atrapalhavam para pegar os discos. Peguei um primeiro punhado e senti que ainda restavam dois ou três. Uma espécie de comichão, um tremor muito superficial, transmitiu calor a minha mão. Ao abri-la, vi que os discos eram trinta ou quarenta. Eu teria jurado que não passavam de dez. Deixei-os sobre a mesa e fui pegar os outros. Não precisei contá-los para verificar que haviam se multiplicado. Reuni-os num único monte e comecei a contá-los um por um.

Essa simples operação foi impossível. Eu olhava fixamente para um deles, recolhia-o com o polegar e o indicador e, depois de separado, ele ficava sendo muitos. Comprovei que não estava com febre e realizei o teste muitas vezes. O obsceno milagre se repetia. Senti frio nos pés e no baixo-ventre e meus joelhos tremiam. Não sei quanto tempo se passou.

Sem olhar para eles, reuni os discos num único monte e joguei-os pela janela. Com estranho alívio, senti que seu número diminuíra.

Fechei a porta com firmeza e me deitei na cama. Tentei encontrar exatamente a mesma posição de antes e quis me convencer de que tudo fora um sonho. Para não pensar nos discos, para preencher o tempo de alguma maneira, repeti com lenta precisão, em voz alta, as oito definições e os sete axiomas da *Ética*. Não sei se ajudou. Nesses exorcismos estava quando ouvi uma batida. Instintivamente, receei que tivessem me ouvido falar sozinho e abri a porta.

Era o mais idoso deles, Bhagwan Dass. Por um instante sua presença pareceu devolver-me ao cotidiano. Saímos. Eu alimentava a esperança de que os discos tivessem desaparecido, mas lá estavam eles, no chão. Nem sei mais quantos eram.

O ancião olhou para eles, depois olhou para mim.

— Essas pedras não são daqui. São lá de cima — disse, com uma voz que não era a sua.

— É verdade — respondi. E acrescentei, não sem um tom de desafio, que as encontrara na meseta, e imediatamente fiquei envergonhado de oferecer explicações.

Bhagwan Dass, sem me dar atenção, ficou olhando para elas fascinado. Ordenei-lhe que as recolhesse. Não se moveu.

Lamento confessar que saquei o revólver e repeti a ordem em voz mais alta.

Bhagwan Dass balbuciou:

— Mais vale uma bala no peito que uma pedra azul na mão.

— Você é um covarde — falei.

Eu estava, acho, não menos aterrorizado, mas fechei os olhos e recolhi um punhado de pedras com a mão esquerda. Guardei o revólver e as deixei cair na palma aberta da outra. Seu número era muito maior.

Sem saber, eu fora me habituando àquelas transformações. Elas me surpreenderam menos que os gritos de Bhagwan Dass.

— São as pedras que engendram! — exclamou ele.

— Neste momento elas são muitas, mas podem mudar. Têm a forma da lua quando está cheia e essa cor azul que só é permitido ver nos sonhos. Os pais de meus pais não mentiam quando falavam de seu poder.

A aldeia inteira nos rodeava.

Senti-me o mágico possuidor daquelas maravilhas. Perante o assombro unânime, recolhia os discos, erguia-os, deixava-os cair, esparramava-os, via como cresciam e se multiplicavam ou diminuíam estranhamente.

As pessoas se aglomeravam, tomadas de estupor e horror. Os homens obrigavam suas mulheres a olhar o prodígio. Algumas cobriam o rosto com o antebraço, outras fechavam as pálpebras com força. Ninguém ousou tocar os discos, exceto um menino feliz que brincou com eles. Naquele momento senti que a desordem estava profanando o milagre. Recolhi todos os discos que consegui e voltei para a choça.

Talvez eu tenha esquecido intencionalmente o resto daquele dia, que foi o primeiro de uma série infeliz que ainda não cessou. A verdade é que não me lembro dele. Ao entardecer, nostálgico, pensei na véspera, que não fora particularmente feliz, já que estivera povoada, tal como as outras, pela obsessão do tigre. Quis me apoiar naquela imagem, antes investida de poder e agora insignificante. O tigre azul me pareceu tão inóquo quanto o cisne negro do romano, que depois foi descoberto na Austrália.

Releio minhas notas anteriores e verifico que cometi um engano fundamental. Desviado pela hábito dessa boa ou má literatura que canhestramente chamamos psicológica, quis recuperar, não sei por quê, a crônica cronológica de meu achado. Antes tivesse insistido na monstruosa índole dos discos.

Se me dissessem que há unicórnios na lua, eu aprovaria ou repeliria essa informação ou então suspenderia meu juízo, mas seria capaz de imaginá-los. Em compensação, se me dissessem que na lua seis ou sete unicórnios podem ser três, eu afirmaria de antemão que o fato era impossível. Quem compreendeu que três mais um são quatro não faz a prova com moedas, dados, peças de xadrez ou lápis. Entende e pronto. Não pode conceber outro total. Há matemáticos que afirmam que três mais um é uma tautologia de quatro, uma maneira diferente de dizer quatro. A mim, Alexander Craigie, competira descobrir, entre todos os homens da terra, os únicos objetos que contradizem essa lei essencial da mente humana.

No início eu padecera o temor de estar louco; com o tempo acho que teria preferido estar louco, visto que minha alucinação pessoal teria menos importância que a prova de que no universo há lugar para a desordem. Se três mais um podem ser dois ou podem ser catorze, a razão é uma loucura.

Naquele tempo contraí o hábito de sonhar com as pedras. A circunstância de que o sonho não reaparecesse todas as noites me concedia um resquício de esperança, que em pouco tempo se transformava em terror. O sonho era mais ou menos o mesmo. O início anunciava o temido fim. Um corrimão e degraus de ferro que descem em espiral e em seguida um porão ou um sistema de porões que mergulhavam, por outras escadas abertas quase a pico, em ferrarias, em serralharias, em masmorras e em pântanos. No fundo, em sua esperada greta, as pedras, que também eram Behemoth ou Leviatã, os animais que manifestam na Escritura que o Senhor é irracional. Eu despertava tremendo e lá estavam as pedras na gaveta, prestes a multiplicar-se ou reduzir-se.

As pessoas estavam diferentes comigo. Um pouco da divindade dos discos, que eles apelidavam de tigres azuis, se transmitira a mim, mas ao mesmo tempo sabiam que eu era culpado da profanação do monte. A qualquer momento da noite, a qualquer momento do dia, os deuses podiam me castigar. Não ousaram me atacar ou condenar meu ato, mas percebi que agora todos eram perigosamente servis. Não tornei a ver o menino que brincara com os discos. Temi que me esperasse o veneno ou um punhal nas costas. Uma manhã, antes do alvorecer, fugi da aldeia. Senti que a população inteira me espiava e que minha fuga foi um alívio. Ninguém, depois daquela primeira manhã, quisera ver as pedras.

Voltei a Lahore. Em meu bolso estava o punhado de discos. O ambiente familiar de meus livros não me proporcionou o alívio que eu buscava. Senti que no planeta continuavam existindo a rejeitada aldeia e a selva e o declive espinhoso com a meseta e na meseta as pequenas gretas e nas gretas as pedras. Meus sonhos confundiam e multiplicavam essas coisas díspares. A aldeia era as pedras, a selva era o brejo e o brejo era a selva.

Esquivei-me à companhia de meus amigos. Temi ceder à tentação de mostrar-lhes aquele milagre atroz que solapava a ciência dos homens.

Ensaiei diversas experiências. Fiz uma incisão em forma de cruz num dos discos. Misturei-o aos outros e perdi-o depois de um ou dois baralhamentos, embora o total de discos tivesse aumentado. Fiz um teste análogo com um disco de que havia cerceado, com uma lima, um arco de círculo. Também esse se perdeu. Com um formão, abri um orifício no centro de um dos discos e repeti o teste. Perdi-o para sempre. No dia seguinte regressou de sua estadia no nada o disco com a cruz. Que misterioso espaço era aquele, que absorvia as pedras e com o tempo devolvia uma ou outra, obedecendo a leis inescrutáveis ou a um arbítrio não humano?

O mesmo desejo de ordem que no princípio criou a matemática me levou a buscar uma ordem naquela aberração da matemática que são as insensatas pedras que engendram. Em suas imprevisíveis variações, quis encontrar uma lei. Dediquei os dias e as noites a determinar uma estatística das alterações. Daquela etapa, guardo alguns cadernos, inutilmente repletos de algarismos. Meu procedimento era o seguinte. Contava as peças com os olhos e anotava o total. Em seguida separava-as em dois punhados, que jogava na mesa. Contava os dois totais, anotava-os e repetia a operação. Foi inútil a busca de uma ordem, de um desenho secreto nas rotações. O máximo de peças que obtive foi 419; o mínimo, três. Houve um momento em que esperei, ou temi, que desaparecessem. Depois de alguns ensaios verifiquei que um disco isolado dos outros não era capaz de multiplicar-se ou desaparecer.

Naturalmente, as quatro operações de somar, subtrair, multiplicar ou dividir eram impossíveis. As pedras se furtavam à aritmética e ao cálculo de probabilidades. Quarenta discos podiam, divididos, dar nove; os nove, divididos por sua vez, podiam ser trezentos. Não sei quanto pesavam. Não recorri a uma balança, mas tenho certeza de que seu peso era constante e leve. A cor era sempre aquele azul.

Essas operações me ajudaram a salvar-me da loucura. Ao manipular as pedras que destroem a ciência matemática, pensei mais de uma vez naquelas pedras do grego que foram os primeiros algarismos e que proporcionaram a tantos idiomas a palavra "cálculo". A matemática, disse para mim mesmo, tem sua origem e agora seu fim nas pedras. Se Pitágoras tivesse trabalhado com estas...

Passado um mês, compreendi que o caos era inextricável. Ali estavam, indômitos, os discos e a perpétua tentação de tocá-los, de tornar a sentir sua trepidação, de arremessá-los, de vê-los aumentar ou decrescer e atentar para pares ou ímpares. Cheguei a recear que contaminassem as coisas e particularmente os dedos que insistiam em manipulá-los.

Durante alguns dias me impus o dever íntimo de pensar continuamente nas pedras, sabendo que esquecê-las só podia ser temporário e que redescobrir meu tormento seria intolerável.

Na noite de 10 de fevereiro, não dormi. Depois de uma caminhada que me levou até o alvorecer, transpus os portais da mesquita de Wazil Khan. Era a hora em que a luz ainda não revelou as cores. Não havia uma só alma no pátio. Sem saber por quê, afundei as mãos na água da cisterna. Já no recinto, pensei que Deus e Alá são dois nomes de um único Ser inconcebível e pedi-lhe em voz alta que me libertasse de minha carga. Imóvel, esperei por uma resposta.

Não ouvi os passos, mas uma voz próxima me disse:

— Vim.

A meu lado estava o mendigo. No crepúsculo, decifrei o turbante, os olhos apagados, a pele azeitonada e a barba cinzenta. Não era muito alto.

Estendeu-me a mão e disse, sempre em voz baixa:

— Uma esmola, Protetor dos Pobres.

Procurei, e respondi:

— Não tenho nenhuma moeda.

— Tem muitas — foi a resposta.

Em meu bolso direito estavam as pedras. Tirei uma e deixei-a cair na mão oca. Não se ouviu o menor ruído.

— É preciso que me dê todas — disse ele. — Aquele que não deu tudo, nada deu.

Compreendi, e lhe disse:

— Quero que saiba que minha esmola pode ser terrível.

Ele respondeu:

— Ocorre que essa esmola é a única que posso receber. Pequei.

Deixei cair todas as pedras na mão côncava. Caíram como no fundo do mar, sem o mais leve rumor.

Depois ele me disse:

— Ainda não sei qual é sua esmola, mas a minha é terrível. Para você ficam os dias e as noites, a mansidão, os hábitos, o mundo.

Não ouvi os passos do mendigo cego nem o vi perder-se na manhã que nascia.

a rosa de paracelso

De Quincey: *Writings*, XIII, 345

Em sua oficina, que ocupava os dois aposentos do porão, Paracelso pediu a seu Deus, a seu indeterminado Deus, a qualquer Deus, que lhe enviasse um discípulo. A tarde caía. O escasso fogo da lareira projetava sombras irregulares. Levantar-se para acender a lamparina de ferro era demasiado trabalho. Paracelso, distraído pelo cansaço, esqueceu sua súplica. A noite apagara os alambiques empoeirados e o atanor quando alguém bateu à porta. O homem, sonolento, levantou-se, subiu a breve escada em caracol e abriu uma das folhas. Entrou um desconhecido. Também estava muito cansado. Paracelso lhe indicou um banco; o outro se sentou e esperou. Durante algum tempo não trocaram palavra.

O mestre foi o primeiro a falar.

— Lembro-me de rostos do Ocidente e de rostos do Oriente — disse, não sem certa pompa. — Não me lembro do teu. Quem és e o que queres de mim?

— Meu nome é o de menos — replicou o outro. — Três dias e três noites caminhei para entrar em tua casa. Quero ser teu discípulo. Tudo o que possuo, trago para ti.

Puxou um taleigo e emborcou-o sobre a mesa. As moedas eram muitas e de ouro. Fez isso com a mão direita. Paracelso lhe dera as costas para acender a lamparina.

Quando se virou, percebeu que a mão esquerda segurava uma rosa. A rosa o perturbou.

Recostou-se, uniu as pontas dos dedos e disse:

— Acreditas que sou capaz de elaborar a pedra que transforma todos os elementos em ouro e me ofereces ouro. Não é ouro o que procuro, e se o ouro te interessa, nunca serás meu discípulo.

— O ouro não me interessa — respondeu o outro. — Essas moedas não são mais que uma prova de meu desejo de trabalhar. Quero que me ensines a Arte. Quero percorrer a teu lado o caminho que conduz à Pedra.

Paracelso disse com vagar:

— O caminho é a Pedra. O ponto de partida é a Pedra. Se não compreendes essas palavras, ainda não começaste a compreender. Cada passo que deres é a meta.

O outro fitou-o com receio. Disse com outra voz:

— Mas existe uma meta?

Paracelso riu.

— Meus detratores, que não são menos numerosos que tolos, dizem que não e me chamam de impostor. Não lhes dou razão, mas não é impossível que seja uma ilusão. Sei que "existe" um Caminho.

Houve um silêncio, e o outro disse:

— Estou disposto a percorrê-lo contigo, mesmo que tenhamos de caminhar muitos anos. Deixa-me atravessar o deserto. Deixa-me divisar mesmo de longe a terra prometida, ainda que os astros não permitam que eu a pise. Quero uma prova antes de empreender o caminho.

— Quando? — disse Paracelso inquieto.

— Agora mesmo — disse o discípulo com brusca determinação.

Haviam começado a conversa em latim; agora, falavam alemão.

O rapaz ergueu a rosa no ar.

— Corre — disse — que és capaz de queimar uma rosa e fazê-la ressurgir da cinza, por obra da tua arte. Deixa-me ser testemunha desse prodígio. É o que te peço, e depois te darei minha vida inteira.

— És muito crédulo — disse o mestre. — Não tenho uso para a credulidade; exijo a fé.

O outro insistiu.

— Precisamente por não ser crédulo quero ver com meus olhos a aniquilação e a ressurreição da rosa.

Paracelso pegara a rosa e brincava com ela enquanto falava.

— És crédulo — disse. — Dizes que sou capaz de destruí-la?

— Ninguém é incapaz de destruí-la — disse o discípulo.

— Estás enganado. Imaginas, porventura, que alguma coisa possa ser devolvida ao nada? Imaginas que o primeiro Adão no Paraíso poderia ter destruído uma única flor ou um talo de relva?

— Não estamos no Paraíso — disse o jovem, teimoso —; aqui, sob a lua, tudo é mortal.

Paracelso se erguera.

— Em que outro lugar estamos? Acreditas que a divindade é capaz de criar um lugar que não seja o Paraíso? Acreditas que a Queda é outra coisa que não ignorar que estamos no Paraíso?

— É possível queimar uma rosa — disse o discípulo, desafiador.

— Ainda há fogo na lareira — disse Paracelso. — Se

atirasses esta rosa às brasas, acreditarias que foi consumida e que a cinza é verdadeira. Digo-te que a rosa é eterna e que apenas sua aparência pode se transformar.

Bastaria uma palavra minha para que voltasses a vê-la.

— Uma palavra? — disse o discípulo, estranhando.

— O atanor está apagado e os alambiques estão cheios de pó. Que farias para que reaparecesse?

Paracelso olhou para ele com tristeza.

— O atanor está apagado — repetiu — e os alambiques estão cheios de pó. Neste ponto de minha longa jornada utilizo outros instrumentos.

— Não ouso perguntar quais são — disse o outro, com astúcia ou humildade.

— Falo do utilizado pela divindade para criar os céus e a terra e o invisível Paraíso em que estamos e que o pecado original nos oculta. Falo da Palavra que nos ensina a ciência da Cabala.

O discípulo disse com frieza:

— Peço-te a mercê de mostrar-me o desaparecimento e o aparecimento da rosa. Para mim não faz diferença que utilizes alambiques ou o Verbo.

Paracelso refletiu. Depois disse:

— Se eu o fizesse, dirias que se trata de uma aparência imposta pela magia de teus olhos. O prodígio não te daria a fé que procuras. Deixa, pois, a rosa.

O jovem o fitou, sempre receoso. O mestre ergueu a voz e lhe disse:

— Além disso, quem és tu para entrar na casa de um mestre e exigir dele um prodígio? Que fizeste para merecer semelhante dom?

O outro replicou, trêmulo:

— Sei que nada fiz. Peço-te em nome dos muitos anos que passarei estudando à tua sombra que me deixes ver a cinza e depois a rosa. Não te pedirei mais nada. Acreditarei no testemunho dos meus olhos.

Num gesto brusco, empunhou a rosa que Paracelso deixara sobre a mesa e lançou-a às chamas. A cor sumiu e restou somente um pouco de cinza. Durante um instante infinito esperou as palavras e o milagre.

Paracelso não se movera. Disse com curiosa singeleza:

— Todos os médicos e todos os boticários da Basileia afirmam que sou um embuste. Talvez estejam certos. Aí está a cinza que foi a rosa e que não a será.

O rapaz sentiu vergonha. Paracelso era um charlatão ou um mero visionário, e ele, um intruso, transpusera sua porta e agora o obrigava a confessar que suas famosas artes mágicas não existiam.

Ajoelhou-se e lhe disse:

— Agi de forma imperdoável. Faltou-me a fé, que o Senhor exigia dos fiéis. Deixa que eu continue vendo a cinza. Voltarei quando estiver mais preparado e serei teu discípulo, e no fim do Caminho verei a rosa.

Falava com genuína paixão, mas essa paixão era a piedade que lhe inspirava aquele velho mestre tão venerado, tão agredido, tão insigne e afinal tão oco. Quem era ele, Johannes Grisebach, para descobrir com mão sacrílega que por trás da máscara não havia ninguém?

Deixar-lhe as moedas de ouro seria uma esmola. Recolheu-as ao sair. Paracelso o acompanhou até o pé da escada e lhe disse que sempre seria bem-vindo naquela casa. Ambos sabiam que não tornariam a ver-se.

Paracelso ficou só. Antes de apagar a lamparina e de

sentar-se na cansada poltrona, recolheu o tênue punhado de cinzas na mão côncava e disse uma palavra em voz baixa. A rosa ressurgiu.

a memória
de shakespeare

Há devotos de Goethe, das Eddas e do tardio cantar dos Nibelungos; Shakespeare foi meu destino. Ainda o é, mas de uma maneira que ninguém pode ter pressentido, com exceção de um único homem, Daniel Thorpe, que acaba de morrer em Pretória. Há outro cujo rosto nunca vi. Sou Hermann Soergel. O curioso leitor talvez tenha passado os olhos por minha *Cronologia de Shakespeare*, que um dia acreditei necessária para o bom entendimento do texto e que foi traduzida para vários idiomas, inclusive o castelhano. Não é impossível que também esteja lembrado de uma prolongada polêmica sobre certa emenda que Theobald intercalou em sua edição crítica de 1734 e que desde essa data é parte incontestada do cânone. Hoje me surpreende o tom incivil daquelas páginas que quase não reconheço. Por volta de 1914 redigi, e não publiquei, um estudo sobre as palavras compostas que o helenista e dramaturgo George Chapman forjou para suas versões de Homero e que recuam o inglês, sem que ele tivesse como supor o fato, a sua origem (*Urprung*) anglo-saxônica. Nunca pensei que sua voz, que agora esqueci, pudesse ser-me familiar... Uma ou outra separata assinada com iniciais completa, penso, minha biografia literária. Não sei se é lícito acrescentar uma versão inédita de *Macbeth*, que empreendi para não continuar pensando na morte de meu irmão Otto Julius, que tombou no front ocidental em 1917. Não a concluí; compreendi que

o inglês dispõe, para seu bem, de dois registros — o germânico e o latino —, enquanto nosso alemão, mesmo tendo melhor música, precisa limitar-se a um só.
Já mencionei Daniel Thorpe. Fui apresentado a ele pelo major Barclay num desses congressos shakespearianos. Não direi o lugar nem a data; sei muito bem que esse tipo de detalhe não passa, na verdade, de imprecisão.
Mais importante que o rosto de Daniel Thorpe, que minha cegueira parcial me ajuda a esquecer, era sua notória infelicidade. Com o passar dos anos um homem pode simular muitas coisas, mas não a felicidade. De modo quase físico, Daniel Thorpe exalava melancolia.
Depois de uma sessão prolongada, a noite nos encontrou numa taberna qualquer. Para sentir-nos na Inglaterra (onde já estávamos), consumimos, em rituais jarras de estanho, cerveja morna e negra.
— No Punjab — disse o major — me apontaram um mendigo. Uma tradição do Islã atribui ao rei Salomão um anel que lhe permitia entender a língua dos pássaros. Corria que o mendigo tinha o anel em seu poder. Seu valor era tão inestimável que ele jamais conseguiu vendê-lo e morreu num dos pátios da mesquita de Wazil Khan, em Lahore.
Pensei que Chaucer não desconhecia a fábula do prodigioso anel, mas dizê-lo teria sido estragar a história de Barclay.
— E o anel? — perguntei.
— Perdeu-se, como costumam fazer os objetos mágicos. Talvez esteja agora em algum esconderijo da mesquita ou em mãos de um homem que vive num lugar onde não há pássaros.

— Ou onde há tantos — falei — que o que dizem se embaralha. Sua história, Barclay, lembra um pouco uma parábola.

Foi então que Daniel Thorpe falou. Fez isso de maneira impessoal, sem olhar para nós. Pronunciava o inglês de modo peculiar, que atribuí a uma longa estada no Oriente.

— Não é uma parábola — disse —, e, se for, é verdade. Há coisas de valor tão inestimável que é impossível vendê-las.

As palavras que procuro reconstruir me impressionaram menos que a convicção com que Daniel Thorpe as disse. Pensamos que diria mais alguma coisa, mas de repente ele se calou, como quem se arrepende. Barclay se despediu. Nós dois voltamos juntos para o hotel. Já estava muito tarde, mas Daniel Thorpe me convidou a continuar a conversa em seu quarto. Depois de algumas trivialidades, disse-me:

— Ofereço-lhe o anel do rei. Claro está que se trata de uma metáfora, mas o que essa metáfora encobre não é menos prodigioso que o anel. Ofereço-lhe a memória de Shakespeare desde os dias mais pueris e antigos até os do início de abril de 1616.

Não atinei com pronunciar uma só palavra. Foi como se me oferecessem o mar.

Thorpe prosseguiu:

— Não sou um impostor. Não estou louco. Imploro que suspenda seu juízo até depois de me ouvir. O major deve ter lhe dito que sou, ou era, médico militar. A história cabe em poucas palavras. Começa no Oriente, num hospital de sangue, ao alvorecer. A data precisa não importa. Com a última voz que lhe restava, um soldado raso,

Adam Clay, que fora atingido por duas descargas de rifle, me ofereceu, pouco antes do fim, a preciosa memória. A agonia e a febre são inventivas; aceitei o oferecimento sem dar-lhe crédito. Além disso, depois de uma ação guerreira nada é muito estranho. Ele mal teve tempo de me explicar as condições singulares de seu dom. O possuidor tem de fazer o oferecimento em voz alta e o outro precisa aceitá-lo. Aquele que o dá, perde-o para sempre.

O nome do soldado e a cena patética da entrega me pareceram literários, no mau sentido da palavra.

Um pouco intimidado, perguntei-lhe:

— E agora o senhor tem a memória de Shakespeare?

Thorpe respondeu:

— Tenho mais duas memórias. A minha pessoal e a daquele Shakespeare que sou parcialmente. Melhor dizendo, duas memórias me têm. Há uma região em que elas se confundem. Há um rosto de mulher que não sei em que século situar.

Perguntei-lhe então:

— O que o senhor fez com a memória de Shakespeare?

Houve um silêncio. Depois ele disse:

— Escrevi uma biografia romanceada que mereceu o desdém da crítica e um certo êxito comercial nos Estados Unidos e nas colônias. Acho que isso é tudo. Avisei-o que meu dom não é uma sinecura. Continuo à espera de sua resposta.

Fiquei pensando. Então eu não dedicara minha vida, não menos incolor que estranha, à busca de Shakespeare? Não era justo que no fim da jornada eu desse com ele?

Falei, articulando bem cada palavra:

— Aceito a memória de Shakespeare.

Alguma coisa certamente aconteceu, mas não a senti. Somente um início de cansaço, talvez imaginário.

Recordo claramente que Thorpe me disse:

— A memória já entrou em sua consciência, mas é preciso descobri-la. Ela aparecerá nos sonhos, na vigília, ao virar as páginas de um livro ou ao dobrar uma esquina. Não se impaciente, não invente recordações. O acaso pode favorecê-lo ou retardá-lo, dependendo de seus misteriosos caminhos. À medida que eu for esquecendo, o senhor se lembrará. Não lhe prometo um prazo.

Dedicamos o que restava da noite à discussão do caráter de Shylock. Abstive-me de perguntar se Shakespeare estabelecera contato direto com judeus. Não quis que Thorpe imaginasse que eu o estava testando. Comprovei, não sei se com alívio ou inquietação, que suas opiniões eram tão acadêmicas e convencionais quanto as minhas.

Apesar da vigília anterior, na noite seguinte quase não dormi. Descobri, como em tantas outras vezes, que era um covarde. Devido ao temor de ser defraudado, não me entreguei à generosa esperança. Quis acreditar que o presente de Thorpe era ilusório. Irresistivelmente, a esperança prevaleceu. Shakespeare seria meu como ninguém foi de ninguém, nem no amor, nem na amizade, nem sequer no ódio. De alguma maneira eu seria Shakespeare. Não escreveria as tragédias nem os intrincados sonetos, mas recordaria o instante em que as bruxas, que também são as parcas, me foram reveladas, e aquele outro em que me foram dadas as vastas linhas:

And shake the yoke of inauspicious stars
From this worldweary flesh.

Recordaria Anne Hathaway como recordo aquela mulher já madura que me ensinou o amor num apartamento de Lübeck, há tantos anos. (Procurei relembrá-la e só consegui recuperar o papel de parede, que era amarelo, e a claridade que vinha da janela. Esse primeiro fracasso deveria ter servido como antecipação dos outros.) Eu havia postulado que as imagens da prodigiosa memória fossem, antes de mais nada, visuais. Não foi assim. Dias depois, ao barbear-me, pronunciei diante do espelho certas palavras que estranhei e que pertenciam, como me informou um colega, ao *A. B. C.* de Chaucer. Uma tarde, ao sair do Museu Britânico, assobiei uma melodia muito simples que jamais ouvira.

O leitor já deve ter percebido o traço comum dessas primeiras revelações de uma memória que era, malgrado o esplendor de algumas metáforas, muito mais auditiva que visual.

De Quincey afirma que o cérebro do homem é um palimpsesto. Cada nova escrita recobre a escrita anterior e é recoberta pela seguinte, mas a memória todo-poderosa pode exumar toda e qualquer impressão, por passageira que tenha sido, se lhe derem o estímulo suficiente. A julgar por seu testamento, não havia um único livro, nem mesmo a Bíblia, na casa de Shakespeare, mas ninguém ignora as obras que ele frequentou: Chaucer, Gower, Spenser, Christopher Marlowe, a *Crônica* de Holinshed, o Montaigne de Florio, o Plutarco de North. Eu possuía a memória de Shakespeare de forma latente; a leitura, ou seja, a releitura daqueles velhos volumes seria o estímulo que procurava. Reli também os sonetos, que são sua obra mais imediata. Aqui e ali dei com a explicação ou com as muitas explicações. Os bons versos impõem a leitura em voz alta; ao cabo de alguns dias recuperei sem esforço os erres ásperos e as vogais abertas do século XVI.

Escrevi na *Zeitschirft für germinische Philologie* que o soneto 127 se referia à memorável derrota da Armada Invencível. Não recordei que Samuel Butler, em 1899, já formulara essa tese.

Uma visita a Stratford-on-Avon foi, previsivelmente, estéril.

Depois sobreveio a transformação gradual de meus sonhos. Não me foram deparados, como a De Quincey, pesadelos esplêndidos nem piedosas visões alegóricas à maneira de seu mestre, Jean-Paul. Rostos e aposentos desconhecidos entraram em minhas noites. O primeiro rosto que identifiquei foi o de Chapman; depois, o de Ben Jonson e o de um vizinho do poeta, que não aparece nas biografias mas que Shakespeare via com frequência.

Quem adquire uma enciclopédia não adquire cada linha, cada parágrafo, cada página e cada estampa; adquire a mera possibilidade de conhecer alguma dessas coisas. Se isso acontece com um ente concreto e relativamente simples, dada a ordem alfabética das partes, o que não acontecerá com um ente abstrato e variável, *ondoyant et divers*, como a mágica memória de um morto?

A ninguém é dado abarcar num único instante a plenitude de seu passado. Nem a Shakespeare, que eu saiba, nem a mim, que fui seu herdeiro parcial, foi oferecido esse dom. A memória do homem não é uma soma; é uma desordem de possibilidades indefinidas. Santo Agostinho, se não me engano, menciona os palácios e cavernas da memória. A segunda metáfora é a mais justa. Naquelas cavernas é que entrei. Como a nossa, a memória de Shakespeare incluía regiões, grandes regiões de sombra repelidas intencionalmente por ele. Não sem algum escândalo, relembrei que Ben Jonson o fazia recitar hexâmetros latinos e gregos e que o ouvido, o incomparável ouvido de Shakespeare, costumava errar muitos deles, para divertimento dos colegas. Conheci estados de ventura e de sombra que transcendem a comum experiência humana. Sem que eu soubesse, a longa e estudiosa solidão me preparara para a dócil recepção do milagre. Passados cerca de trinta dias, a memória do morto me animava. Durante uma semana de curiosa felicidade, quase acreditei ser Shakespeare. A obra se renovou para mim. Sei que a lua, para Shakespeare, era menos a lua que Diana e menos Diana que aquela obscura palavra que se arrasta: *moon*. Outra descoberta, essa anotei. As aparentes negligências de Shakespeare, aquelas *absence dans l'infini* mencionadas apologeticamente por Hugo, foram deliberadas. Shakespeare as tolerou, ou intercalou, para que seu discurso, destinado ao palco, parecesse espontâneo e não excessivamente polido e artificial (*nicht allzu glatt und gekünstelt*). Essa mesma razão levou-o a mesclar suas metáforas:

my way of life
Is fall'n into the sear, the yellow leaf.

Uma manhã discerni uma culpa no fundo de sua memória. Não procurei defini-la; Shakespeare o fez para sempre. Que seja suficiente declarar que aquela culpa não tinha nada em comum com a perversão.

Compreendi que as três faculdades da alma humana, memória, entendimento e vontade, não são uma ficção escolástica. A memória de Shakespeare não podia revelar-me outra coisa senão as circunstâncias de Shakespeare. É evidente que estas não constituem a singularidade do poeta; o que importa é a obra que ele executou com esse material inconsistente.

Ingenuamente, eu premeditara, como Thorpe, uma biografia. Em pouco tempo descobri que esse gênero literário requer qualidades de escritor que certamente não são as minhas. Não sei narrar. Não sei narrar minha própria história, que é muito mais extraordinária que a de Shakespeare. Além disso, seria um livro inútil. O acaso ou o destino deram a Shakespeare as triviais coisas terríveis que todo homem conhece; ele soube transmutá-las em fábulas, em personagens muito mais vívidos que o homem apagado que os sonhou, em versos que as gerações não abandonarão, em música verbal. Para que desfazer essa trama, para que minar a torre, para que reduzir o som e a fúria de *Macbeth* às módicas proporções de uma biografia documental ou de um romance realista?

Goethe, como se sabe, constitui o culto oficial da Alemanha; mais íntimo é o culto de Shakespeare, que professamos não sem nostalgia. (Na Inglaterra, Shakespeare, que tão distante está dos ingleses, constitui o culto oficial; o livro da Inglaterra é a Bíblia.)

Na primeira etapa da aventura senti a felicidade de ser Shakespeare; na derradeira, a opressão e o terror. No início as duas memórias não misturavam suas águas.

Com o tempo, o grande rio de Shakespeare amcaçou, e quase submergiu, meu modesto caudal. Percebi com temor que estava esquecendo a língua de meus pais. Já que a identidade pessoal se apoia na memória, temi por minha razão.

Meus amigos vinham visitar-me; fiquei assombrado com o fato de não perceberem que eu estava no inferno.

Comecei a não entender as coisas cotidianas que me cercavam (*die alltägliche Umwelt*). Certa manhã me perdi entre grandes formas de ferro, madeira e vidro. Assobios e clamores me aturdiram. Demorei um instante, que quase me pareceu infinito, a reconhecer as máquinas e os vagões da estação de Bremen.

À medida que transcorrem os anos, todo homem é obrigado a desonerar a carga crescente de sua memória. Duas me torturavam, confundindo-se, às vezes: a minha e a do outro, incomunicável.

Todas as coisas querem perseverar em seu ser, escreveu Espinosa. A pedra quer ser uma pedra, o tigre um tigre, eu queria tornar a ser Hermann Soergel.

Já não recordo a data em que decidi me libertar. Encontrei a maneira mais fácil. Ao telefone, disquei números aleatórios. Respondiam vozes de criança ou de mulher. Pensei que meu dever era respeitá-las. Finalmente dei com uma voz culta de homem. Falei:

— Você quer a memória de Shakespeare? Sei que o que lhe ofereço é muito grave. Pense bem.

Uma voz incrédula respondeu:

— Correrei esse risco. Aceito a memória de Shakespeare.

Declarei as condições de meu dom. Paradoxalmente, sentia ao mesmo tempo a nostalgia do livro que deveria ter escrito e que me fora vedado escrever, e o temor de que o hóspede, o espectro, jamais me deixasse.

Desliguei o telefone e repeti como uma esperança estas resignadas palavras:

Simply the thing I am shall make me live.

Eu imaginara disciplinas para despertar a antiga memória; tive de encontrar outras para apagá-la. Uma de tantas foi o estudo da mitologia de William Blake, discípulo rebelde de Swedenborg. Comprovei que ela era menos complexa que complicada.

Esse e outros caminhos foram inúteis: todos me levavam a Shakespeare.

Finalmente encontrei a única solução capaz de preencher a espera: a estrita e vasta música, Bach.

Pós-escrito de 1924. — Já sou um homem entre os homens. Na vigília sou o professor emérito Hermann Soergel, que recorre a um arquivo e redige trivialidades eruditas, mas ao alvorecer sei, às vezes, que aquele que sonha é o outro. Uma que outra vez me surpreendem pequenas e fugazes memórias que talvez sejam autênticas.